品质课程
实验研究
丛书

丛书主编
杨四耕

学校课程
框架的建构

HOME 课程的
旨趣与架构

周丽霞　主编

华东师范大学出版社

图书在版编目（CIP）数据

学校课程框架的建构：HOME 课程的旨趣与架构/周丽
霞主编. —上海：华东师范大学出版社，2019
（品质课程实验研究丛书）
ISBN 978 - 7 - 5675 - 9167 - 7

Ⅰ.①学…　Ⅱ.①周…　Ⅲ.①课程建设　Ⅳ.①G423

中国版本图书馆 CIP 数据核字（2019）第 145617 号

品质课程实验研究丛书
学校课程框架的建构：HOME 课程的旨趣与架构

丛书主编　杨四耕
主　　编　周丽霞
策划编辑　刘　佳
项目编辑　林青荻
特约审读　李　鑫
责任校对　孙祖安
装帧设计　卢晓红

出版发行　华东师范大学出版社
社　　址　上海市中山北路 3663 号　邮编 200062
网　　址　www.ecnupress.com.cn
电　　话　021 - 60821666　行政传真 021 - 62572105
客服电话　021 - 62865537　门市（邮购）电话 021 - 62869887
地　　址　上海市中山北路 3663 号华东师范大学校内先锋路口
网　　店　http://hdsdcbs.tmall.com

印 刷 者　上海锦佳印刷有限公司
开　　本　787×1092　16 开
印　　张　12
字　　数　170 千字
版　　次　2019 年 9 月第 1 版
印　　次　2020 年 9 月第 2 次
书　　号　ISBN 978 - 7 - 5675 - 9167 - 7
定　　价　36.00 元

出 版 人　王　焰

（如发现本版图书有印订质量问题，请寄回本社客服中心调换或电话 021 - 62865537 联系）

丛书总序

实践，课程最美的语言

西方课程研究已有百余年历史，对课程实践影响比较大的当属课程开发模式研究。西方课程开发模式主要有以下几种：一是目标模式，它以明确的目标为中心开展课程研制，其代表人物有博比特、泰勒和布卢姆；二是过程模式，它旨在通过详细说明内容和选择内容，遵循程序原理来进行课程研制，代表人物是斯滕豪斯；三是情境模式，它强调社会文化情境的分析，反对脱离社会现实及学校具体情境的课程方案研制，劳顿和斯基尔贝克是其主要代表人物；四是实践模式，以施瓦布为代表，他认为，通过课程审议洞察具体的实践情境，提出可供选择的方案是课程开发的重要任务。

自 20 世纪 90 年代以来，课程研究者逐渐不再局限于依据某种单一的课程理论来进行课程设计，而是根据培养目标、学习者的特点等对多种课程设计理论进行整合，以实现课程开发目标。如我国课程学者在批判继承东西方课程理论合理内核的基础上提出了"人化—整合"课程研制方法论，指出了该方法论的教育学标准、范式坐标、本质特征及框架设想。（参见郝德永在 2000 年于教育科学出版社出版的《课程研制方法论》。）

创新是理论研究的生命。被誉为"现代课程理论之父"的泰勒在他的专著《课程与教学的基本原理》中提出，课程研究必须关注"四个基本问题"：学校应该达到哪些目标？提供哪些教育经验才能实现这些目标？怎样才能有效地组织这些教育经验？我们怎样确定这些目标正在得到实现？这四个基本问题构成了课程与教学的基本原理，为课程开发提供了坚实的理论基础和可靠的实践范式。我们提出的"首要课程原理"，是置身中国课程改革实践，吸纳西方课程研究成果，采取整合融贯的思维方式，在充满张力的文化场域中进行综合创造的结果。它创造性地将泰勒的"四个基本问题"发展为学校课程实践的"五个基本原理"：聚焦学习原理、情境慎思原理、文化融入原理、目标导引原理和扎根过程原理。其研究旨趣不是宏大庄严的理论,而在于回应课程变革的现实需求,更好地提升学校课程品质。

1. 聚焦学习原理:儿童成长是课程的焦点

杜威说:"儿童和课程仅仅是构成一个单一的过程的两极。"他以全新的视角揭示了一个观点,即课程内容的逻辑顺序与儿童生长的心理顺序在本质上是一致的,它们都是儿童主动活动的结果。为此,他提出要研究儿童不同发展阶段的需要与可能性,给儿童提供有助于其"生长"的课程。他说:"儿童的世界是一个具有他们个人兴趣的人的世界,而不是一个事实和规律的世界。儿童世界的主要特征,不是什么与外界事物相符合这个意义上的真理,而是感情和同情。"(杜威语)儿童需求是课程的核心,孩子们需要什么、喜欢什么,就给他配什么样的课程。杜威说:"兴趣的价值在于它们所提供的那种力量,而不是它们所表现的那种成就。"这充分体现了儿童的"兴趣"和"感情",融通了"科学世界"与"生活世界"的诉求,它让每一个孩子乐在其中,有所感、有所思、有所悟、有所得。聚焦学习,回归生长,让儿童处于课程中央,这是学校课程深度变革的追求。

2. 情境慎思原理:清晰学校课程变革的起点

课程生成于特定的时代背景与文化架构之中,是文化选择的结果,我们不能脱离社会现实及学校具体情境在"真空"中开发课程。只有在"情境慎思"的基础上,我们才能准确把握学校课程变革的宏观背景,深刻理解课程变革的文化架构,进而准确地揭示课程的本质,制定出立足在地文化资源、基于学校发展实际的课程方案。英国课程学者劳顿指出:课程开发必须关注宏观文化背景,研制课程要先进行"文化分析"。除了关注宏观文化背景,还要对学校微观情境进行分析,将关注的焦点放在具体学校和教师身上。这是英国课程学者斯基尔贝克课程开发"情境模式"之核心观点。

3. 文化融入原理:让思想的光辉映照学校课程

在不少人的眼里,课程就是分门别类的"学习材料"。当我们走出这种视野,把课程理解为每一个人活生生体验到的存在的时候,课程就具有了全新的含义,它不再只是一堆材料,而是一种"复杂的会话",一种可以进行多元解读的"文本"。通过"解读"我们可以获得多元话语,通过"会话"我们可以得到关于课程的独特理解。派纳说:"课程是一个高度符号性的概念,它是一代人努力界定自我与世界的场所。"它允许人们从不同的视域来理解课程,通过个性化的"复杂会话",课程那被久久遗忘的意义得以澄明:"学校课程的宗旨在于促使我们关切自己与他人,帮助我们在公共领域成为致力于建设民主社会的公民,在私人领域成为对他人负责的个体,运用智力、敏感和勇气思考与行动。"在这里,"课程不再是一个事物,也不仅是一个过程。它成为一个动词,一种行动,一种社会实践,一种私人的意义,一种公共的希望。"

4. 目标导引原理:让学校课程变革富有理性精神

如前所述,泰勒提出了课程开发的基本问题即著名的"泰勒原理"。由此,他建立了课程研制活动的四个基本环节:确定基本目标,选择学习经验,组织学习经验,评价学习结果。我们认为,学校课程变革不是漫无目的的"撒野",而是基于目标的牵引,匹配课程、实施课程、评价结果的过程,是让理性精神照耀学校课程变革的过程。

5. 扎根过程原理:激活学校课程变革图景

英国课程学者斯滕豪斯在1975年出版的《课程研究与研制导论》中,首倡课程开发的过程模式。过程模式重视基于"教育宗旨"的课程活动过程,强调通过对知识形式和活动价值的分析来确定内容,主张通过加强教师的发展来激活学校课程,要求教师在课程开发过程中,通过反思澄清隐含在课程实践过程中的价值要素,提升课程实践过程的价值理解力和判断力。美国课程学者施瓦布认为:课程是一个相互作用的"生态系统",它是建立在对课程意义的"一致性解释"基础上,通过这个"生态系统"要素间的相互理解、相互作用,实现学生学习需求的满足和德性的生长。因此,课程变革必须激活包括教师和学生在内的课程实践过程,回归课程的实践旨趣。

我们认为,"首要课程原理"是对课程现象、课程关系及其矛盾运动的理性认识,是建立在客观的课程事实、课程现象基础上的,通过归纳、演绎等科学方法,由概念、判断和推理构成的观念体系。它不是零碎的观点,有着自己独特的形式结构,是由不同要素构成的复杂理念系统。"首要课程原理"也是动态生成的观念系统,不是金科玉律式的教条,不是封闭的符号化知识体系,而是有待改进与完善的学校课程变革建议。"首要课程原理"具有实践浸润性,不是理论循环自证的形上之思,它是为了课程实践,通过课程实践,在课程实践中,浸润在实践与实验中不断生长的课程理论。

实践,课程最美的语言。经过十多年的实验与研究,我们深深感受到,学校课程实践的复杂性需要整合性的课程理论架构作指导。"首要课程原理"是在潜心梳理现有课程理论成果过程中,发现其固执一端的弊端而获得方法论启迪的,它是以综合创造思维对各流派课程理论进行概括、提炼与建构的结果。它是课程研制要素在时间和空间上相对稳定的联系方式的理性表达,既是从过去状况到现实经验的情境分析,也是对课程理想状态的整体设计。可以说,"首要课程原理"是课程理论的精华与课程实践的智慧,具有观点深刻性、架构系统性及实践指向性等特点。

"品质课程实验研究丛书"是我们运用"首要课程原理"开展课程行动研究,促进一批学校推进课程深度变革的成果。我们期望通过试验与实证、归纳与演绎,逐步完善"首要课程原理"系列命题,建立理论性与实践性并存、可重复、可操作的课程知识体系,真正提升学校课程实践品质。

课程是理论的实践表达,理论是实践的理性观念,让课程理论与实践良性互促是课程研究的神圣使命。富有原创性的课程理论,不仅启发无尽的思考,也启示实践的路向,激发课程变革的热情。一种好的理论,应当顶天立地,上通逻辑,下连实践,体现思辨的旨趣,充满生命活力。

杨四耕

2019 年 5 月 1 日于上海市教育科学研究院

目录

第一章　Health：身心健康之家课程 / 47

　　幸福的首要条件在于健康。健康是欢乐与满足的源泉。所有的健康体育类课程不只是为了满足学生的兴趣，还为了增添知识，开阔视野，接触多种风格、方式的体育锻炼。通过学习身心健康课程，学生心灵丰盈、品格完善，在课程中找到归属感，校园生活变得踏实和充实，只有当心灵充实了，品格完善了，人生才会一路向阳。

第二章　Observation：人文观察之家课程 / 77

人文历史悠久，且富有生命力，千百年来，它始终没有淡出公众的视野。无数有理想有抱负的青年学生通过观察来感受传统文化、美学艺术，培养人文情怀。人文观察之家课程在新的时代语境中，传承传统，广博艺术，陶冶情操，智慧生活。

第三章　Mind：思想博识之家课程 / 109

学术大师陈寅恪标榜"独立之精神，自由之思想"，认为士人应有独立自由的精神意志，以摆脱世俗的桎梏。人生而为人的尊严，就在于人类拥有思考的能力，能够实现意志自由与理性自律。古人云，"恒者行远，思者常新，博观约取，厚积薄发"，勤于思考，才能常思常新，在广泛浏览观察的基础上，才能去粗取精，存真去伪。思想博识课程内容上涉及社会生活的各方各面，旨在拓宽学生的视野，提高学生的思维能力。

第四章　Experience：科学体验之家课程 / 143

　　科学探索永无止境。在历史的长河中，许多大胆的猜想，都随着科学的发展而被证明、被实现，这让我们坚信，看不见的世界，不是幻影，而是被科学之光照耀的存在。对科学的向往与追求，促使我们不断地探索真理，进而更加深刻地认识世界。我校课程以丰富的科学知识为载体，引导学生探宇宙之律，悟万物之道，明思辨之理，聚创新之力，培养理性的自主少年。

后记 / 177

总论

学校课程框架的建构逻辑

广州市二中苏元实验学校(以下简称"苏元"),是由广州开发区、原萝岗区政府与广州市第二中学于 2008 年联合创建的一所全日制寄宿民办初中。学校位于黄埔区水西路,与广州二中高中部相连,毗邻创业公园,环境宜人,雅致清新。校区总占地面积 20 700 平方米,总建筑面积 13 131 平方米,教学设施设备和专用功能室完善。学校目前共设 24 个教学班,在校学生 1 000 多人。作为原萝岗区首批广州市义务教育规范化民办学校,学校拥有一支充满活力、爱岗敬业、专业过硬、善教乐学的教师队伍。近年来,学校先后获得"广州市义务教育规范化学校"、"广州市优秀家长学校"、"广州市安全文明校园"、"全国校园文化系列活动优秀示范单位"、"广东省义务教育标准化学校"、"广州市示范家长学校"、"广州市星级家长学校"、"广州市义务教育阶段特色学校"、"广州市健康学校"等称号。

一　课程哲学:学校课程框架的理念

周国平先生曾说:"教育不可能制造天才,却可能扼杀天才。"的确,当今功利化的教育模式,渐渐远离了教育的本质,缺乏"灵性",令人担忧。所以,有不少专家呼吁:让教育回归本源,办真正的教育。

灵性是天赋智慧与后天努力的产物。每个学生都是有灵性的个体,灵性除了天赋之外,还应包含感悟能力、理解能力、想象能力、创新能力,即"个性"。杜威认为:"教育的任务就在于发现一个人的禀赋,循序渐进地加以训练,应用于社会。"没有灵性飞扬的教师,没有灵性飞扬的教育智慧,没有足以产生灵性的教育土壤,即使孩子拥有天赋,也会被后天没有灵性的教育所扼杀。因此,我校提出"灵性教育"之哲学,并据此提出如下办学理念:尊重天性,发展个性,激发灵性。

1. **灵性教育是以境化人的教育。** 我们的"学园",就在山水之间。我们最早提出的关于灵性的思考,是一副校园中的对联——"山水润灵物渐苏,纸笔会意巧连元"。内容彰显了我校灵性教育的出发点和终结点。出发点即我校的校园环境:背倚青山(苏元山),面朝水西(水西路),雅致精巧,空气清新。"此山此水"孕育了灵感,启迪了灵性,生发了灵气。因此,校园内生机益然。"会意"一词,源自陶渊明《五柳先生传》中的一句"每有会意,便欣然忘食",这是读书忘我的真实状态,也是深得真谛的可贵瞬间。读书人,就需要找到这种灵光闪现的时刻。"纸笔",即读书人之工具、钥匙,通往知识的圣殿、理想的彼岸,连通一个个"元"。"元",是一个起点,也可视为一个终点,更代表着一个"个体",代表着"灵性"之"元"——人,代表着"教育"之"元"——学生。

2. **灵性教育是以心育人的教育。** 我们的"家园",就是心诚之处。在寄宿制中学里,人与人之间的相处更加密切。我们倡导:师生之间,心有灵犀;授之以渔,心诚则灵。老师与学生有良好的情感基础,即老师关爱学生、学生爱戴老师,双方心意相通,对于彼此的所思所想都心领神会。教师教之以法,重视激发学生的学习兴趣以及培养学生自主学习的能力,提高学生的创造力。师生要有坚定的信念,正确的心态,用心教与学,才能有效验。教育就是一棵树撼动另一棵树,一片云推动另一片云,一个心灵唤醒另一个心灵。

3. **灵性教育是以爱泽人的教育。** 我们的"乐园",需要博爱之光。每一个孩子都是独一无二,每一个孩子都是灵性飞扬,灵性的学习会滋养学生的生命,灵性的教育会激发学生的无限潜能。秉承古人"天人合一"的思想,尊重孩子的天性,发展孩子的个性,让孩子们过一种内在自然和外在自然完整统一、幸福快乐而又富有意义的学习生活;让我们的老师过一种平和润泽、幸福完整,通过提高自己而引领大众的教育生活。我们将以自然育灵性,以博爱启智慧,为孩子一生的发展和幸福奠基。

在"灵性教育"哲学指引下,我校的课程理念是:山水润灵,纸笔会意。我们期望以校园为主要环境,以课程为主要载体,以营造"乐园"为主要目标,让学生成为充满灵性的生命体。

1. **课程即亲近自然。**雅斯贝尔斯指出:"在人的存在和生成中,教育环境不可或缺,因为这种环境能影响一个人一生的价值定向和爱的方式的生成。"最好的教育环境是人文和自然两者齐驱的教育环境。我们不仅要继续建设和经营校园环境,让其"满载书卷气",还要积极利用周边自然环境,开展让学生"身心合一,灵动飞扬"的活动。师生的身心皆自然,是课程的理想境界。

2. **课程即陶冶性灵。**教育的智慧在于,教师需要同理心,理解和尊重学生的天性;教育的智慧在于,个性需要平台,创造能够激发孩子的想象力、创造力、记忆力的课堂;教育的智慧在于,真正做到关爱学生生命发展。

3. **课程即智慧联通。**我校以"灵性教育"为教育哲学,将灵性教育哲学和课程研究相结合,转变教与学的课程方式,激发孩子生命的灵性,建构"丰盈灵润"的课程,把"灵性"内涵融入课堂,提高了教学质量和学习效率。

二　课程目标:学校课程框架的聚焦

我校培养"自然、自立、自信、自主、自律"的灵性之人(简称"五自"少年)。

自然是前提,做活泼健康的自然少年:知生活、爱运动、求质朴、会感恩。

自立是基础,做诚信担当的自立少年:会生活、懂礼仪、善沟通、讲诚信。

自信是关键,做勤学奋发的自信少年:勤学习、敢尝试、乐思考、有自信。

自主是核心,做果敢理性的自主少年:求真理、懂分析、善判断、有技能。

自律是保障,做守法慎独的自律少年:明规则、守法度、辨是非、律言行。

围绕我们的育人目标,七年级、八年级、九年级的课程具体要求和目标如下(见表1):

表 1　广州市二中苏元实验学校课程目标表

目标	七年级	八年级	九年级
做活泼健康的自然少年	仪表整洁、外表朴素,习得基本的生活技能;爱护同学亲人、感恩父母老师,形成良好的心理品质	简朴生活不攀比,养成良好卫生、运动等生活习惯;待人真诚不虚伪、学会积极与他人合作,懂得对他人表示感谢;安全出行无伤害,保护自己会避险	合理规划学习生活时间,过有规律的生活;发展自己喜爱的运动项目,拥有健康的体魄;脚踏实地、真诚朴素,追求内在美;善于合作,主动寻求沟通;热爱祖国拥护党,感恩社会,并将其内化为学习和前进的动力;具有维权意识,懂得运用法律维护权益
做诚信担当的自立少年	认真学习,养成自主学习的好习惯,生活自理会洗衣、值日负责会拖地,能适应寄宿生活;诚实守信,按时交作业,借用别人物品及时归还	注重个人文明礼仪,不讲脏话;主动与父母沟通交流,体谅父母辛苦;关心身边人和事,自己的事情自己做;待人真诚不说谎,实事求是言必信;学会与人进行有效沟通,与异性交往大方适度	言谈举止文明,课间不喧闹、不推挤、爱护低年级同学;公共场合不喧哗,礼让他人,遵守公共秩序;有主见,接纳观点不同的人,真诚待己待人
做勤学奋发的自信少年	热爱学习,养成听课、笔记、书写的良好习惯;找寻适合自己的学习方法,尝试进行初步的自我认知,积极参加各种活动,以乐观的态度对待人和事	热爱学习,具有浓厚的学习兴趣,形成运用所学知识解决实际问题的意识,能虚心接受别人的批评,坦然承认自己的错误;初步具有抗挫折的能力和坚忍不拔的意志	热爱学习,保持浓厚的学习兴趣,具有学习责任感;能较熟练地将所学运用于生活实践;阳光自信,能正视自身的优点与缺点
做果敢理性的自主少年	养成动脑思考的习惯;发现并坚持自己的兴趣;面对困难不言放弃;养成生涯规划的意识	大胆提问,能提出复杂的有一定深度的问题,并探究解答;对结论进行辨析和评价,参与体验生涯规划活动	尝试辩证地思考问题,尽可能多地寻找解决问题的方法,学习比较全面地看待社会生活中发生的事件,学会处理生活中发生的问题;关心时政,关注国家发展动态;思考和探寻自己的职业发展目标
做守法慎独的自律少年	了解并遵守学校的基本规章制度,形成自律自觉自我管理的习惯	对法律法规有基本的认识,对社会现象和问题有自己的判别标准,初步具有社会责任感	对事物的看法正向、多角度,多为他人着想,会控制自己的言行;对社会和生活问题,敢于表达自己的观点,并有所作为,真正成为社会的主人

学校课程框架的建构
HOME 课程的旨趣与架构

三　课程体系：学校课程框架的基质

在"灵性教育"的教育哲学指导下，我校结合寄宿制中学生的学习生活需要，建构了"HOME"课程体系，为呵护和培养学生的"灵性"打造美好家园。该课程体系由身心健康之家课程、人文观察之家课程、思想博识之家课程、科学体验之家课程四大部分构成，即 Health：保障学习生活的后盾——身心健康之家课程；Observation：观察大千世界的窗口——人文观察之家课程；Mind：走向社会与思想的门户——思想博识之家课程；Experience：攀登领域顶层的助力——科学体验之家课程。

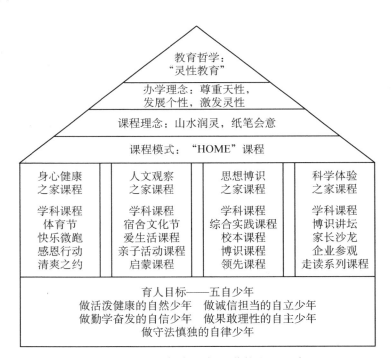

图 1　广州市二中苏元实验学校课程逻辑图

根据学校课程逻辑图,对于每个课程,有详细的设置,有对应的目标和教学内容,丰富详实,具体细致。

(一) 身心健康之家课程设置

围绕我们的育人目标,七年级、八年级、九年级的身心健康之家课程设置见表 2。

表 2　广州市二中苏元实验学校"HOME"课程体系身心健康之家课程设置

年级	学期	课程名称	学习目标	具体课程内容	参与范围
七年级	上学期	开学第一课	适应初中生活	融入集体	
		体育	体育锻炼兴趣与习惯 各项身体素质均衡发展,发展灵敏、耐力、力量素质 掌握排球、跳绳、游泳的简单运动技术 培养合作意识、坚韧意志品质	广播体操 运动损伤处理 体质健康 游泳 排球 耐久跑 跳绳 游泳	全年级参与
		心理	在运动参与过程中初步形成正确的应对挫折和失败等情绪的方法 初步养成合作意识 体育活动中表现出诚实、友爱、礼貌行为;助学生尽快融入新环境 形成新集体 正确认识自我 调控情绪 学会学习	新生团拓活动 环境适应 认识自我 情绪调节 学习心理	全年级参与
		体育节	竞争与合作 培养集体意识	游泳运动会 "元元"运动会 广播操比赛	全年级参与
		快乐微跑	发展心肺耐力 培养集体意识	跑操	全年级参与
		清爽之约	责任担当意识	清爽宿舍	全年级参与

年级	学期	课程名称	学习目标	具体课程内容	参与范围
七年级	上学期	特色综合实践课程	综合认知能力	无线电测向 悦走·越敬 几米时光 醒狮 桌游乐满 FUN 影视世界	全体与部分相结合
	下学期	体育	体育锻炼兴趣与习惯 各项身体素质均衡发展,发展灵敏、耐力、力量素质 掌握足球、跳绳、游泳的简单运动技术 培养合作意识、坚韧意志品质	健康知识 体质健康 游泳 足球 耐久跑 跳绳 游泳 田径	全年级参与
		"苏超"联赛	竞争与合作 诚实、友爱、礼貌行为	"苏超"篮球、足球、气排球、羽毛球联赛	全年级参与
		感恩行动 最后的儿童节 清爽之约	责任担当	感恩演讲 成人礼 清爽宿舍	全年级参与
		特色综合实践课程	综合理解	无线电测向 悦走·越敬 醒狮 桌游乐满 FUN 影视世界	全体与部分相结合
八年级	上学期	开学第一课	团队融合	团队拓展	全年级参与
		体育	基本形成正确的锻炼习惯 各项身体素质均衡发展,发展灵敏、耐力、力量素质 巩固跳绳、游泳技术,掌握篮球的简单运动技术 树立集体荣誉感、坚韧意志品质 正确面对挫折	健康知识 体质健康 游泳 篮球 耐久跑 跳绳 游泳 田径	全年级参与
		心理	提升人际交往的能力 建议和维持良好的异性同伴关系,扩大人际交往的范围	人际交往 青春期心理	全年级参与

年级	学期	课程名称	学习目标	具体课程内容	参与范围
八年级	上学期	体育节	竞争与合作 树立集体荣誉 正确应对困难	水运会,"元元"运动会,广播操比赛	全年级参与
		快乐微跑	发展心肺耐力 培养集体意识	跑操	全年级参与
		感恩行动	待人真诚、实事求是	小组互助 志愿者活动	
		清爽之约	文明、担当	清爽课室	
		特色综合实践课程	能大胆提出问题,对所提出的问题进行比较和评价,并会探究所提问题,解答问题	无线电测向 悦走·越敬 几米时光 醒狮 桌游乐满 FUN 影视世界	全体与部分相结合
	下学期	体育	基本形成正确的锻炼习惯 各项身体素质均衡发展,发展灵敏、耐力、力量素质 巩固跳绳、游泳技术,巩固篮球的简单运动技术 树立集体荣誉感、坚韧意志品质 正确面对挫折	健康知识 体质健康 游泳 球类运动 耐久跑 跳绳 游泳	全年级参与
		"苏超"联赛	竞争与合作 诚实、友爱、公平、礼貌行为	"苏超"篮球、足球、气排球、羽毛球联赛	全年级参与
		退队入团 清爽之约	公民意识培养	入团仪式 清爽课室	全年级参与
		特色综合实践课程	能大胆提出问题,对所提出的问题进行比较和评价,并会探究所提问题,解答问题	无线电测向 悦走·越敬 几米时光 醒狮 桌游乐满 FUN 影视世界	全体与部分相结合

年级	学期	课程名称	学习目标	具体课程内容	参与范围
九年级	上学期	开学第一课	个人提升	中考起跑线	全年级参与
		体育	能制定合理的体育锻炼计划并实施 掌握两项球类运动并能参与比赛,能完成200米游泳 具有较强的安全运动防范意识,防溺水 全面发展各项身体素质,提高心肺耐力	体质健康 综合身体素质 中考体育	全年级参与
		心理	把握升学选择的方向,培养职业规划意识,树立早期职业发展目标	考试心态调节 职业生涯初探	全年级参与
		体育节	竞争与合作 集体荣誉感	水运会 定向越野比赛	全年级参与
		快乐微跑	发展心肺耐力 磨炼意志	晨跑	部分
		清爽之约	文明、担当	清爽校园	全年级参与
	下学期	体育	养成正确的体育锻炼习惯 中考体育取得优异成绩 具有较强的安全运动防范意识,防溺水 全面发展各项身体素质,提高心肺耐力	综合身体素质 安全教育 中考体育 球类运动	全年级参与
		心理	释放压力	交流,面对面	部分
		百日誓师	为初三中考激励士气	仪式	全年级参与

(二) 人文观察之家课程设置

围绕我们的育人目标,七年级、八年级、九年级的人文观察之家课程设置见表3。

表 3　广州市二中苏元实验学校"HOME"课程体系人文观察之家课程设置

年级	学期	课程名称	学习目标	具体课程内容	参与范围
七年级	上学期	思想品德	成长中的我	认识自我 自尊自强	全年级参与与部分相结合
		历史	提高学生的历史敏锐度;加强学生对传统文化的认同;培养学生的家国情怀;培养学生基本学科素养如证据意识;提高学生演讲能力;培养学生动手能力	组织"历史上的今天"小活动 以国庆节为契机进行爱国主义教育;承担开展国旗下讲话的任务 组织"寻找历史"的活动 组织"课前一分钟演讲" 组织学生完成历史环保小制作	全年级参与与部分相结合
		美术	对视觉艺术有初步认识;培养基本的动手能力	中外名作欣赏 京剧脸谱设计 中国民间剪纸 生肖邮票设计 狮子门扣泥塑 书法(欧体楷书)	全年级参与与部分相结合
		音乐	歌唱能力与鉴赏能力入门	中国民族歌曲基础演唱 中国民族民间音乐基础鉴赏 利用体艺课时间开设合唱课程,可选修	全年级参与与部分相结合
		英语歌唱比赛	中西音乐鉴赏,提高口语	歌曲比赛	全年级参与
		爱生活课程	关注生活点滴,关心家人健康,学会简单点心制作,做家庭生活小帮手	神奇的污渍去除法 五彩馒头 小白菜饺子 七色食材与饮食疗法	全年级参与
		艺术节	陶冶性情	主题晚会 班歌创作评选 师生书法作品展 壁画创作	全年级参与与部分相结合

年级	学期	课程名称	学习目标	具体课程内容	参与范围
七年级	上学期	特色综合实践课程	有一定的欣赏、鉴赏能力,激发对艺术创作的热爱之情;思维能随机应变	唐风宋韵 广府华彩 管乐熏陶 尤克里里 学国学爱生活 Act It Out In English 英语戏剧课程 茶文化 爱·秀剧团	全体与部分相结合
	下学期	思想品德	成长中的我	心中有法	全年级参与
		历史	提高学生的历史敏锐度;提高学生对传统文化的认同感;引导学生正确认识和探寻身边的历史;提高学生的品德修养,锻炼学生演讲能力	组织"历史上的今天"小活动 组织"'穿'越历史"活动 组织"寻根访祖"活动 组织"历史故事"演讲比赛	全年级参与
		美术	对视觉艺术具有初步认识;培养基本的动手能力和创作能力	中外名作欣赏 中国历代书法作品欣赏 肌理与应用 花朵泥塑创作 点线面抽象作品 书法(欧体楷书)	全年级参与
		音乐	歌唱能力与鉴赏能力入门	中国民族歌曲基础演唱 中国民族民间音乐基础鉴赏 利用体艺课时间开设合唱课程,可选修	全年级参与
		宿舍文化节	生活自理能力	设计大赛、征文比赛	全年级参与
		爱生活课程	欣赏生活细节,从生活中发现美、欣赏美;变废为美,做环保节约小能手	梅花与樱花鉴赏 制作环保花瓶 制作再生纸 巧用旧衣服	全年级参与
		特色综合实践课程	举一反三,能提出新观点	唐风宋韵 广府华彩 管乐熏陶 尤克里里	学生自选

年级	学期	课程名称	学习目标	具体课程内容	参与范围
八年级	上学期	思想品德	我与他人和集体	交往与沟通 在集体中成长	全年级参与
		历史	提高学生的历史敏锐度;提高学生对传统文化的认同感;培养学生基本学科素养如学会评价历史人物;培养学生热爱家乡、热爱生活的情感;培养学生多元解读历史的能力	组织"历史上的今天"小活动 组织开展"'感恩节'——做一道历史名菜"活动 以历史人物为主线组织课堂辩论赛 组织学生"我爱广州"手抄报活动 组织"印象广州"邮票设计大赛 组织学生进行历史漫画创作大赛	全年级参与
		美术	对视觉艺术具有初步认识;培养基本的动手能力和创作能力	中外名作欣赏 中国历代书法作品欣赏 水墨荷花 水墨牡丹 书法(欧体楷书)	全年级参与
		音乐	音乐基础鉴赏 器乐基础鉴赏	浪漫主义时期经典作品鉴赏——以李斯特为例 古典主义经典作品鉴赏——以贝多芬为例 管弦乐团鉴赏	全年级参与
		英语歌唱比赛	中西音乐鉴赏,提高口语	歌曲比赛	全体与部分相结合
		爱生活课程	热爱生活味道,制作节日美食,做宣扬传统文化小助手	大节日特色美食 新年萝卜步步糕 元宵团聚汤圆节 端午糯香咸甜粽	全年级参与
		艺术节	陶冶性情	主题晚会 班歌创作评选 师生书法作品展 壁画创作	全体与部分相结合
		特色综合实践课程	举一反三,能提出新观点	唐风宋韵 广府华彩 管乐熏陶 尤克里里	全体与部分相结合

年级	学期	课程名称	学习目标	具体课程内容	参与范围
八年级	下学期	思想品德	我与他人和集体	权利与义务	全年级参与
		历史	提高学生的历史敏锐度;加强学生对传统文化的认同;培养学生感悟先烈革命英雄主义精神和历史伟人的治国策略,并能将此迁移到现实生活中,获得历史智慧解决现实问题	组织"历史上的今天"小活动 组织学生参观纪念馆及当地的爱国主义教育基地后进行分享、汇总 组织学生制作以"爱国主义"为题材的历史手抄报 以纪念历史人物为主题进行手抄报制作 以纪念历史大事为主题进行手抄报制作	全年级参与
		美术	对视觉艺术具有初步认识,培养基本的动手能力和创作能力	中外名作欣赏 中国历代书法作品欣赏 水墨葡萄 水墨蜜蜂 书法(欧体楷书)	全年级参与
		音乐	音乐基础鉴赏 器乐基础鉴赏	浪漫主义时期经典作品鉴赏(艺术歌曲)——以舒伯特为例 古典主义经典作品鉴赏——以亨德尔为例 管弦乐团鉴赏——以协奏曲为例	全年级参与
		宿舍文化节	培养主人意识	征文	全年级参与
		爱生活课程	具有生活情调,体会各地生活文化精髓,做制作经典甜品小高手	巡游城市特色小吃: 北京——冰糖葫芦 武汉——蛋酒	全年级参与
		特色综合实践课程	文化学习与传承	爱·秀剧团 茶文化 学国学爱生活 Act It Out In English 英语戏剧课程	全体与部分相结合

年级	学期	课程名称	学习目标	具体课程内容	参与范围
九年级	上学期	思想品德	我与国家和社会	认识国情,爱我中华 法律与秩序	全年级参与
		历史	提高学生的历史敏锐度;加强学生对世界文化的了解和认同;培养学生的国际意识,包括具有世界眼光、具备世界公民意识;培养学生多元学习历史的方法	组织"历史上的今天"小活动 组织学生模拟世界名人的演讲 组织学生观看世界名人传记并进行人物分享会 组织学生进行历史歌曲的编演	全年级参与
		美术	情感抒发、创造	书法、字画、设计会徽	全年级参与
		音乐	经典音乐鉴赏	主要通过学生自主探究的方式,结合经典音乐的赏析,引导学生树立正确的鉴赏观	全年级参与
	下学期	思想品德	我与国家和社会	适应社会发展的需要	全年级参与
		历史	提高学生的历史敏锐度;加强学生对世界文化的认同;尊重多国文化,学会与世界各国交流的方式;培养学生的创新能力	组织"历史上的今天"小活动 组织学生观看经典世界电影并进行影评 组织"世界知识竞赛"活动以及多国礼仪小知识的宣传 组织学生进行历史海报创作评比	全年级参与

(三) 思想博识之家课程设置

围绕我们的育人目标,七年级、八年级、九年级的思想博识之家课程设置见表4。

表 4　广州市二中苏元实验学校"HOME"课程体系思想博识之家课程设置

年级	学期	课程名称	学习目标	具体课程内容	参与范围
七年级	上学期	语文	识字与写字、阅读、写作	写字课,正楷字训练,书写等级考核 学会大声朗读,培养阅读兴趣和习惯 观察生活,培养写日记的习惯	全年级参与
		数学	体验从具体情境中抽象出数学符号的过程,理解有理数、实数、代数式、方程、不等式;掌握必要的运算(包括估算)技能;探索具体问题中的数量关系和变化规律,掌握用代数式、方程、不等式进行表述的方法	数学探究课程	全年级参与与部分相结合
			探索并掌握相交线、平行线、三角形的基本性质与判定,掌握基本的证明方法和基本的作图技能;探索并理解平面图形的平移;探索并理解平面直角坐标系,能确定位置	每周套题	
			体验数据收集、处理、分析和推断过程,理解抽样方法,体验用样本估计总体的过程	校本课程(数学培优课程)	
			初步学会从数学的角度发现问题和提出问题,综合运用数学知识解决简单的实际问题,增强应用意识,提高实践能力	国家基础课程	
		英语	引导学生正确入门,爱上英语,养成良好的学习习惯 掌握基本阅读技巧,学会欣赏英语文学作品,爱上读英文书 掌握基本的写作技巧,初步学会用英语表达自己的观点;写出具有可读性的文字	阅读基础课 写作基础课 口语入门课 外教课 读书节之朗诵比赛 英语周之英语名著读后感比赛 英语周之对白模仿比赛 赏析电影学英语	全体与部分相结合
		博识课程	开拓思维	阅读的乐趣	部分

年级	学期	课程名称	学习目标	具体课程内容	参与范围
七年级	上学期	领先课程	培养思维、辨析能力	数学小专题	部分
		特色综合实践课程	数学探究 也说我家的姓氏 法语入门		全年级参与
	下学期	语文	识字与写字 阅读 写作	写字课,正楷字训练,书写等级考核 学会默读,培养阅读兴趣和习惯 观察生活,培养写日记的习惯	全年级参与
		数学	体验从具体情境中抽象出数学符号的过程,理解有理数、实数、代数式、方程、不等式;掌握必要的运算(包括估算)技能;探索具体问题中的数量关系和变化规律,掌握用代数式、方程、不等式进行表述的方法 探索并掌握相交线、平行线、三角形的基本性质与判定;掌握基本的证明方法和基本的作图技能;探索并理解平面图形的平移;探索并理解平面直角坐标系,能确定位置 体验数据收集、处理、分析和推断过程,理解抽样方法,体验用样本估计总体的过程 初步学会从数学的角度发现问题和提出问题,综合运用数学知识解决简单的实际问题,增强应用意识,提高实践能力	数学探究课程 每周套题 校本课程(数学培优课程) 国家基础课程	全年级参与与部分相结合
		英语	引导学生正确入门,爱上英语,养成良好的学习习惯 掌握基本阅读技巧,学会欣赏英语文学作品,爱上读英文书 掌握基本的写作技巧,初步学会用英语表达自己的观点;写出具有可读性的文字	阅读基础课 写作基础课 口语入门课 外教课 Performance English比赛 英语写作比赛	全体与部分相结合

年级	学期	课程名称	学习目标	具体课程内容	参与范围
七年级	下学期	博识课程	开阔视野	小课题研讨	部分
		领先课程	培养思维	机器人、法语	部分
		特色综合实践课程	培养发散性思维	数学探究 也说我家的姓氏 法语入门	全体与部分相结合
		读书节	培养阅读兴趣和爱好	朗诵经典	全体与部分相结合
八年级	上学期	语文	识字与写字、阅读、写作	写字课、正楷字训练，书写等级考核 训练快速提取、整合信息的能力、会分析课内文章、鼓励课外阅读 写作技法过关训练	全年级参与
		数学	理解有理数、实数、代数式、方程、不等式、函数；掌握必要的运算（包括估算）技能；探索具体问题中的数量关系和变化规律，掌握用代数式、方程、不等式、函数进行表述的方法 探索并掌握三角形、四边形的基本性质与判定，掌握基本的证明方法和基本的作图技能；探索并理解平面图形的旋转、轴对称 体验数据收集、处理、分析和推断过程，理解抽样方法，体验用样本估计总体的过程 获得分析问题和解决问题的一些基本方法，体验解决问题方法的多样性，发展创新意识	数学探究课程 学生讲题课程 校本课程（数学问题解决课程） 国家基础课程	全年级参与与部分相结合
		英语	为学生提供不同的观点和丰富的信息，拓展学生的知识面，让学生能够学以致用 掌握对应的阅读技巧，学会阅读，爱上阅读 让学生学会表达，能顺利地用英语表达自己的观点、意愿	阅读课 写作课 口语课 外教课 读书节之书评比赛 英语周之英语名著封面设计比赛 英语周之翻译比赛 赏析电影学英语	全体与部分相结合

年级	学期	课程名称	学习目标	具体课程内容	参与范围
八年级	上学期	博识课程	培养文哲思维	历史、岭南文化	部分
		领先课程	培养跨学科立体思维	STEM课程	部分
		特色综合实践课程	培养发散性思维	数学视窗 USAP 美国学术五项训练营 法律 CBA	全年级参与
	下学期	语文	识字与写字 阅读 写作	写字课，正楷字训练，书写等级考核 训练快速提取、整合信息的能力，会分析课内文章，鼓励课外阅读 写作技法过关训练	全年级参与
		数学	理解有理数、实数、代数式、方程、不等式、函数；掌握必要的运算（包括估算）技能；探索具体问题中的数量关系和变化规律，掌握用代数式、方程、不等式、函数进行表述的方法 探索并掌握三角形、四边形的基本性质与判定，掌握基本的证明方法和基本的作图技能；探索并理解平面图形的旋转、轴对称 体验数据收集、处理、分析和推断过程，理解抽样方法，体验用样本估计总体的过程 获得分析问题和解决问题的一些基本方法，体验解决问题方法的多样性，发展创新意识	数学探究课程 学生讲题课程 校本课程（数学问题解决课程） 国家基础课程	全年级参与与部分相结合
		英语	为学生提供不同的观点和丰富的信息，拓展学生的知识面，让学生能够学以致用 掌握对应的阅读技巧，学会阅读，爱上阅读 让学生顺利地用英语表达自己的观点、意愿	阅读课 写作课 口语课 外教课 读书节之读后感比赛 英语周之戏剧比赛 Act It Out In English 英语戏剧课程 英语阅读素养比赛	全体与部分相结合

年级	学期	课程名称	学习目标	具体课程内容	参与范围
八年级	下学期	博识课程	培养诗词鉴赏能力	诗词、阅读	部分
		领先课程	培养形象思维	物理	部分
		特色综合实践课程	培养发散性思维	数学视窗 USAP 美国学术五项训练营 法律 CBA	部分
		读书节	培养阅读习惯,提升阅读能力	经验演绎	全体与部分相结合
九年级	上学期	语文	识字与写字、阅读 写作	鼓励学写行楷字 学习并整理各种阅读题型的思路与技巧 考场作文训练,互相批改作文	全年级参与
		数学	理解有理数、实数、代数式、方程、不等式、函数;掌握必要的运算(包括估算)技能;探索具体问题中的数量关系和变化规律,掌握用代数式、方程、不等式、函数进行表述的方法 探索并掌握四边形和圆的基本性质与判定,掌握基本的证明方法和基本的作图技能;探索并理解平面图形的旋转、轴对称;认识投影与视图 进一步认识随机现象,能计算一些简单事件的概率 经历从不同角度寻求分析问题和解决问题的方法的过程,体验解决问题方法的多样性,掌握分析问题和解决问题的一些基本方法	数学探究小组 学生讲题课程 校本课程(数学培优课程) 校本课程(数学强化课程) 国家基础课程	全年级参与
		英语	为学生提供全面的中考英语应试技巧,帮助学生巩固基础,培养学生英语学科素养,让学生以最稳定的学习状态迎接中考 掌握对应的阅读和写作技巧,帮助学生学会阅读和写作,爱上英语的读与写 让学生用英文自信表达对热门话题的观点,通过中考听说测试的磨炼提升英语口语能力	阅读课 写作课 口语课 英文原著美文阅读及欣赏 电影配音练口语 新概念英语阅读 & 口语训练 英语阅读素养比赛	全体与部分相结合

年级	学期	课程名称	学习目标	具体课程内容	参与范围
九年级	下学期	语文	识字与写字 阅读 写作	鼓励学写行楷字 能灵活运用各种阅读题型的思路与技巧 积累素材,升格作文	全年级参与
		数学	理解有理数、实数、代数式、方程、不等式、函数;掌握必要的运算(包括估算)技能;探索具体问题中的数量关系和变化规律,掌握用代数式、方程、不等式、函数进行表述的方法 探索并掌握四边形和圆的基本性质与判定,掌握基本的证明方法和基本的作图技能;探索并理解平面图形的旋转、轴对称;认识投影与视图 进一步认识随机现象,能计算一些简单事件的概率 经历从不同角度寻求分析问题和解决问题的方法的过程,体验解决问题方法的多样性,掌握分析问题和解决问题的一些基本方法	数学探究小组 学生讲题课程 校本课程(数学培优课程) 校本课程(数学强化课程) 国家基础课程	全年级参与
		英语	为学生提供全面的中考英语应试技巧,帮助学生巩固基础,培养学生英语学科素养,让学生以最稳固的学习状态迎接中考 掌握对应的阅读和写作技巧,帮助学生学会阅读和写作,爱上英语的读与写 让学生用英文自信表达对热门话题的观点,通过中考听说测试的磨炼提升英语口语能力	阅读课 写作课 口语课 英文原著美文阅读及欣赏 电影配音练口语 新概念英语阅读 & 口语训练 英语阅读素养比赛 口语一对一训练课程	全体与部分相结合

(四) 科学体验之家课程设置

围绕我们的育人目标,七年级、八年级、九年级的科学体验之家课程设置见表5。

表 5　广州市二中苏元实验学校"HOME"课程体系科学体验之家课程设置

年级	学期	课程名称	学习目标	具体课程内容	参与范围
七年级	上学期	生物	激发和培养学生对世界、对生活、对环境、对科技等方面的感知和感悟能力	生物：植物王国的奥秘	全年级参与
		地理	初步掌握读图、析图能力	地球和地图	全年级参与
		信息	激发和培养学生对世界、对生活、对环境、对科技等方面的感知和感悟能力	信息技术与生活	全年级参与
		博识讲堂	学习科学用脑方法	记忆的方法	部分
		企业参观	树立正确的考试观	科大讯飞与考试博物馆	部分
		走读系列	培养生活技能	野炊农场乐	全年级参与
		家长沙龙	认识青春期孩子的身心特点	《我在青春期》系列座谈活动	全年级参与
		亲子活动	促进亲子融合	走读岭南	全体与部分相结合
		特色综合实践课程	培养动手技能	手工制作 航空模型 旅行策划小达人 身边的理财课堂	全体与部分相结合
	下学期	物理	激发和培养学生对世界、对生活、对环境、对科技等方面的感知和感悟能力	机械运动和力 物质的属性	全年级参与
		生物	激发和培养学生对世界、对生活、对环境、对科技等方面的感知和感悟能力	人体漫游	全年级参与
		信息	激发和培养学生对世界、对生活、对环境、对科技等方面的感知和感悟能力	多媒体作品制作	全年级参与
		地理	认识世界部分国家和地区	世界地理	全年级参与
		博识讲堂	培养兴趣	阅读	部分
		企业参观	体验企业高尖技术	光机电、微生物研究所	部分
		科技节	体验科学趣味	科技博览会：数字化课堂	全年级参与
		家长沙龙	维护亲子关系	妈妈交流会	部分

年级	学期	课程名称	学习目标	具体课程内容	参与范围
七年级	下学期	亲子活动	促进亲子融合	走读岭南	部分
		走读系列	促进学生团队融合	走读黄埔	部分
		特色综合实践课程	培养动手技能	手工制作 航空模型 旅行策划小达人 身边的理财课堂	全体与部分相结合
八年级	上学期	物理	培养学生灵活的动手实践探究的能力	声和光;物质的形态和变化	全年级参与
		生物	培养学生灵活的动手实践探究的能力	动物世界的奥秘	全年级参与
		化学	培养学生灵活的动手实践探究的能力	趣味化学(上)	全年级参与
		信息	培养学生灵活的动手实践探究的能力	程序设计基础	全年级参与
		地理	中国的自然环境和经济发展	中国地理	全年级参与
		走读系列	体验劳动乐趣	番薯之旅	全年级参与
		企业参观	树立正确的考试观	科大讯飞与考试博物馆	部分
		家长沙龙	促进父亲参与家庭教育	爸爸交流会	全年级参与
		亲子活动	促进亲子进一步融合	走读中华	全年级参与
		特色综合实践课程	培养动手技能	电子制作 神奇的3D打印 智能机器人 3ds max室内设计	全体与部分相结合
	下学期	物理	培养学生灵活的动手实践探究的能力	功和机械;内能及其利用 简单电路	全年级参与
		生物	培养学生灵活的动手实践探究的能力	生态环境的奥秘	全年级参与
		化学	培养学生灵活的动手实践探究的能力	趣味化学(下)	全年级参与
		信息	培养学生灵活的动手实践探究的能力	计算思维	全年级参与

年级	学期	课程名称	学习目标	具体课程内容	参与范围
八年级	下学期	地理	中国四大地理区域的自然特征及其人文特点 认识广州	中国四大地理区域 广州地理	全年级参与
		科技节	拓展科技视野	科技博览会：创客体验	全体与部分相结合
		走读系列	学习粤文化	走读西关	全年级参与
		家长沙龙	亲子关系的维护	亲子全接触	全年级参与
		亲子活动	促进亲子进一步融合	走读中华	全年级参与
		特色综合实践课程	培养动手技能	电子制作 神奇的3D打印 智能机器人 3ds max 室内设计	部分
九年级	上学期	物理	培养学生思考辨析、知识迁移的能力	电和磁；能量转化和转移 能源与可持续发展	全年级参与
		信息	培养学生思考辨析、知识迁移的能力：综合能力提升	计算思维	全年级参与
		化学	培养变化感知能力和观察能力	对生活中的各种物质进行检测	全年级参与
		家长沙龙	亲子关系的维护	亲子全接触	全年级参与
		亲子活动	让家长成为孩子的坚强后盾	考前亲子辅导班	全年级参与
	下学期	物理	实践应用	动手动脑竞赛	全年级参与
		化学	实践应用	对生活中的各种物质进行检测	全年级参与
		家长沙龙	人生规划	人生分享	全年级参与
		亲子活动	让家长成为孩子的安全港湾	中考加油站	全年级参与

四　课程实施：学校课程框架的推进

古人云："耳闻之不如目见之，目见之不如足践之。"要真正地构建灵性校园，培养出灵性学生,切切实实地将"灵性教育"的哲学变为可操作的、可积累的、可分享的教育经验,就必须落实到学校课程建设上,确保我们的教育教学活动始终不离"激发灵性"的办学理念。因此,我们构建了"HOME课程体系",并在这个大框架中围绕"灵性"这一理念,进行学科基础课程、学科拓展课程的实施与评价,同时继续构建跨学科的主题式探究课程,推进具有特色的节庆仪式课程。

(一) 构建"灵性课堂",实施学科基础课程

学科基础课程是学校教育教学的基本内容,也是学生最重要的知识来源,因此,如何科学地实施和评价基础课程的课堂教学,在课堂中提高教学质量,丰富学生的知识与技能,培养创新精神与实践能力,最终达到培育目的,是我们首先要探讨的问题。

"灵性课堂"是有生命活力的课堂。课堂应强调以学生的生活经验和体验为切入点,尊重学生的天性,将课堂营造成师生之间交流、互动的舞台,让学生的个性得以展示;要引导学生主动探究知识,使学生从中汲取智慧,激发学习的热情,让课堂成为学生的乐园。同时,就课堂学习这段历程而言,它不仅是学生丰富的、有质量的生命的一部分,更是教师生命广度的扩展,成为师生共同体验、充实生命的平台。因此,"灵性课堂"应该是和谐愉悦、自主互动、多元体验、真实有效的。下面是我们具体实施时参照的操作表,见表6。

表6　广州市二中苏元实验学校"灵性课堂"特质与操作表

"灵性课堂"特质	"灵性课堂"表征与操作
和谐愉悦	课堂设计有正确的思想引领,教师有清晰的育人和课程目标;课堂设计符合课程标准和学生实际,关注每一位学生的差异;做好情感铺垫,营造宽松、和谐的课堂气氛
自主互动	在课堂教学中,要保障和突出学生的主体地位,把学生置于动态、开放、生动的教学情境中,留给学生足够多的时间和空间,保证学生有充分的机会参与、体验,唤起他们动脑、动手、动口的积极性;而教师是教学的主导,从教到学,都是在教学双方相互作用、共同参与体验下完成的
多元体验	在具体教学过程中,教师要针对不同的教学内容创建多样的教学模式,面对不同需求采用多种多样的教学策略和学法指导,为学生提供更直观、更活泼、更多样的学习资源,增加多元的体验方式,活跃学生思维,助力学生更充分地认识、理解、感悟知识;教学环节要重视通过运用多种情境创设手段,如情景再现、角色扮演、设置悬念、变换艺术媒介、切换心理关注点等,激发学生的学习探究欲望

"灵性课堂"特质	"灵性课堂"表征与操作
真实有效	关注课堂实效性,及时解决学生在课堂上的问题;点燃学生创造性思维的火花,关注和利用课堂生成资源

结合原有课堂评价标准,我校制定了切合本校实际的课堂评价表,见表 7。

表 7　广州市二中苏元实验学校"灵性课堂"评价标准

评价项目		目标等级		
		A	B	C
和谐愉悦	导向力	1. 教学目标能够根据课程标准进行设置,目标的描述具体、明确、清晰 2. 能够体现"知识与技能、过程与方法、情感态度与价值观"3 个维度 3. 目标的设置科学性较强,不仅符合该阶段学生身心发展的需要,而且能够促进学习者知、情、意、行的和谐发展,能考虑到不同阶段的学生的发展	1. 教学目标比较具体清晰,符合课程标准要求 2. 能够体现"知识与技能、过程与方法、情感态度与价值观"中的1—2 个维度 3. 目标的设置具有科学性,总体上符合该阶段学生身心发展需要,能考虑到学生总体发展水平	1. 教学目标基本能够围绕课程标准进行设置,目标的描述符合基本逻辑 2. 能够体现"知识与技能、过程与方法、情感态度与价值观"中的至少 1 个维度 3. 目标的设置具有一定科学性
	评价			
	发展力	1. 难度适中,容量恰当,坡度合理 2. 突出重点,抓住难点,把握知识的内在联系,抓住能力关键,贯穿情感价值教育内容 3. 能有效、科学地对教材内容进行整合 4. 能够根据具体的学习需求和发展可能给予内容和能力的拓展	1. 难度适中,容量恰当,能体现一定坡度 2. 基本把握住教学的重点和难点,内容有逻辑 3. 对教材内容进行一定整合 4. 能够根据具体的学习需求给予内容上的拓展	1. 难度适中,容量恰当 2. 基本把握住教学的重点和难点,内容的逻辑性不强 3. 基本围绕教材内容施教 4. 能够有一定的拓展
	评价			

评价 项目		目标等级		
		A	B	C
自主 互动	生成力	1. 明显体现教师的主导性和学生的主体性,师生互动良好 2. 在各个教学环节中,学生能充分参与、体验并思考 3. 学生思维活跃,探究欲望得到激发,生生合作良好 4. 学生能在动态、开放、生动、真实的情境中学习,并提出问题或思考,问题得到解决的同时,能作为课堂上生成的资源再次利用 5. 学生的个性与情感能获得尊重	1. 能够体现教师的主导性和学生的主体性,师生互动顺畅 2. 在各个教学环节中,学生能参与、体验并思考 3. 学生思维较活跃,探究欲望得到一定程度的激发,生生合作较好 4. 学生在课堂上呈现的问题基本能得到解决 5. 学生的个性与情感能获得尊重	1. 基本体现教师的主导性和学生的主体性,师生有互动 2. 在各个教学环节中,学生基本能参与、体验 3. 学生的思维能力较弱,探究欲望不强,生生合作能力一般 4. 学生在课堂上呈现的问题部分得到解决 5. 学生的个性与情感能获得尊重
	评价			
多元 体验	探究力	1. 能主动、灵活地运用自主学习、合作学习、探究学习等先进学习方式 2. 因材施教,从学生的生活经验出发,通过问题解决、情景再现、角色扮演、设置悬念、变换艺术媒介、切换心理关注点等手段,引导建构自己的学习体系,操作性强 3. 遵循初中生"具体—抽象—具体"的思维特点,培养学生分析、综合、归纳、类比等思维能力 4. 注重过程性评价,关注学生的过程性表现,并能及时给予有针对性的个性化的点评	1. 能有意识地运用多元学习方式,如自主学习、合作学习、探究学习等 2. 因材施教,从学生的生活经验出发,帮助学生建构知识体系,具有一定操作性,但方法较为单一 3. 有意识地培养学生的思维能力,但不成体系 4. 有意识地进行过程性评价,能给予学生及时、有效的点评	1. 学习方式比较单一 2. 不善于创设和设计与学生生活相关的情境和问题 3. 对学生的思维能力培养关注较少 4. 对学生的关注不足,点评和反馈单一
	评价			

评价项目		目标等级		
		A	B	C
真实有效	学习力	1. 学生能在课堂中真实地展示自己,真诚地对待他人,真切地体会到自己的成长 2. 教师能够顺利完成教学任务,圆满实现教学目标,并获得自我提升 3. 学生们主动学习的热情高涨,体会到学习的快乐 4. 学生能较好理解教学内容,掌握重难点,不同层次的学生都能获得成功的喜悦	1. 学生敢于在课堂中展现真实的自己,并真诚地对待他人 2. 教师能够顺利完成教学任务,较好达成教学目标 3. 多数学生有主动学习的热情,体会到学习的快乐 4. 学生能理解教学内容,掌握重难点,多数学生能获得成功的喜悦	1. 学生敢于在课堂中展示自己,并真诚地对待他人 2. 教师能够基本完成教学任务,初步达成教学目标 3. 部分学生有主动学习的热情,体会到学习的快乐 4. 学生能基本理解教学内容,掌握重难点,部分学生能获得成功的喜悦
	评价			
整体评价				
评价反思				

(二) 建设"灵性学科",丰富学科拓展课程

为解决目前课程分科过细、学科间教学内容缺乏整合、学生课业负担过重、课程设置针对性不强等问题,我校开展"灵性学科"课程建设,以丰富学科拓展课程,明确创新教育改革的方向。

"灵性学科"建设的路径是:每一个学科构建"1＋X"学科课程群,促进学科内整合。"1＋X"课程以国家基础性课程"1"为基础,"X"即学科内的整合与实施,重点是将国家课程校本化。对某一学科,在原有的国家统一标准、地方统一教材的基础上,打破以往只使用一本教材而无法兼顾其他版本教材优势的局限,改变以往按统一教材设定教学内容与进度的课程实施方式。具体课程设置

如下:

1. 语文学科

语文学科的知识分成识字与写字、阅读与理解、写作与表达、口语交际、综合性学习与实践五个版块。除特别备注了年级的项目外,六个学期的整体框架是一致的,只是每个学期训练和评价的侧重点有所不同,呈螺旋式上升的状态,见表8。

表8　广州市二中苏元实验学校语文学科"1＋X"课程内容简介

语文学科的拓展课	识字与写字	书写训练
		书写等级认定
		书法课(软笔)
		规范汉字书写比赛(软笔、硬笔)
	阅读与理解	课本推荐名著必读
		《元阅读》群文阅读与理解
		课外好书阅读与分享
		初一:手抄报;初二:读后感
	写作与表达	课本片段写作训练
		日记或随笔
		限时作文训练和作文讲评课
		作文竞赛
	口语交际	课前三分钟演讲
		初一:朗诵比赛
		初二:演讲比赛
		初二、初三:课本剧表演
	综合性学习与实践	初一上:广州的建筑;秋风起食腊味
		初一下:一盅两件;粤剧大舞台
		初二上:广州的秋天;桥之美
		初二下:花城看花;生活中的语文

2. 数学学科

数学学科的知识分成数与代数、图形与几何、统计与概率、综合与实践四个版块。整体框架按照学期开设,见表9。

表 9　广州市二中苏元实验学校数学学科"1＋X"课程内容简介

数学学科的拓展课	数与代数	图灵的数独与幻方
		日历中的数学
		墓碑数学
		财政数学
		数学的眼光看"优惠"
		数学"元"文化
		愤怒的小鸟——二次函数
	图形与几何	展开与折叠
		图案设计
		对话毕达哥拉斯
		数学之美——黄金分割
		高度的测量
	统计与概率	与数据对话
		游戏与数学
	综合与实践	数学阅读
		折纸与数学
		讲题比赛
		几何画板初步
		调查报告的撰写

3. 英语学科

学校将正在使用的教材和《新概念英语》等课外拓展教材相融合,根据学生的兴趣和喜爱程度,结合教师对教材的把握情况按学段打造出多种课程——阅读课、写作课、口语课、外教课、Act It Out In English 英语戏剧课、英语电影赏析课等。以口语课为例,包括电影配音口语课、新概念英语阅读 & 口语训练、口语一对一训练课程等。上述各种类型的课程为学生提供不同的观点和丰富的信息,拓展学生的知识面,让学生能够学以致用:学会阅读,爱上阅读;学会各种功能意念的表达,流畅地用英语表达自己的观点和意愿,见表 10。

表 10　广州市二中苏元实验学校英语学科"1＋X"课程内容简介

英语学科的拓展课	阅读	英文原著赏析
		课外阅读拓展
		《典范英语》泛读
	写作	手抄报制作
		书写训练
	口语	英语电影赏析
		电影配音练口语训练
	外教	英语听说训练

4. 理综(物理、化学、生物)

　　理综各学科的"1＋X"课程,除了学科相应基础知识点的落实,还应注重学生的全面发展,提高学生的科学素养,以应对未来社会的挑战。因此,在学科拓展课程方面,注重培养学生的兴趣、探究能力、创新意识以及科学态度、科学精神,加强课程内容与学生生活、现代社会、科技发展的联系,关注技术应用带来的社会进步和问题,培养学生的社会责任感和正确的世界观,见表 11。

表 11　广州市二中苏元实验学校物理、化学、生物学科"1＋X"课程内容简介

理综	物理学科的拓展课	兴趣培养	观看科普音像资料
			对纸飞机的研究
			小小音乐会(乐器研究与制作)
			无线电测向
		探究能力和创新意识	用橡皮筋制作简易测力计
			摆的研究与制作
			水火箭的研究
			自制电动机
			鸡蛋安全着陆的设计
		科学态度和科学精神	测量油盐酱醋等生活物品的密度
			盐水等混合液体的凝固点的研究
			密度计的研究与制作
			校园节能减排现状和方案研究

		化学漫画创作
化学学科的拓展课	化学用语(概念)趣味学习	化学"开胃菜"纸牌游戏
		化学"翻翻乐"纸牌游戏
		化学 520 桌游
		化学骰子游戏
	化学模型趣味制作	化学球棍模型拼装
		化学橡皮泥、木棍微观模型制作
		化学水果、牙签微观模型制作
	化学实验兴趣探究	化学魔术实验探究
		化学大晶体制作
生物学科的拓展课	自然观察	植物观察(植物识别等)
		动物观察(观鸟等)
		生态观察(四季物候观察、湿地生态环境考察等)
	生命探究	植物生理实验探究(根吸水的奥秘等)
		动物生理实验探究(鸟类的双重呼吸等)
		人体生理实验探究(消化吸收的奥秘等)
	生物技术	细菌、真菌的培养
		发酵技术的应用(酿制糯米酒、制作泡菜等)
		植物种植和繁殖(多肉植物栽培、植物的扦插和嫁接)
		植物标本的制作(蜡叶标本的制作、植物贴画的制作)
		动物饲养
		动物标本的制作(浸制标本的制作、昆虫标本的制作等)

5. **文综(政治、历史、地理)**

　　文综学科的"1＋X"课程,除了学科相应文化基础知识的习得,还应注重学生的全面发展,提高学生的人文素养,把学生培养成为具有深厚文化基础、有更高精神追求的人。因此,在学科拓展课程方面,注重培养学生的兴趣、人文积淀和内在精神,加强课程内容与学生生活、政治生活的联系,运用人文领域的知识和技能,明确学生的情感态度和价值取向,见表 12。

表 12　广州市二中苏元实验学校政治、历史、地理学科"1＋X"课程内容简介

文综	地理学科的拓展课	构建空间思维能力	制作经纬网球
			制作简易地球仪
			制作立体地形地貌模型
		区域地理研究	向世界出发
			广州地理
		校外探索	从苏元出发
			苏元山考察
			创业公园定向越野
			野外天文观测
		培优活动	天文奥赛
			地理奥赛
			思维导图竞赛
			环境地图竞赛
			"地球小博士"竞赛
	历史学科的拓展课	时空观念的建构	制作大事年表
			运用地图学历史
		历史叙述与解释	历史小故事演讲
			历史纪实大家谈
			历史画配文
			历史人物辩论赛
		史料搜集、阅读与应用	"走进历史的途径"大比拼
			历史寻古与社会调研
			模拟导游与时事报道
			历史的 A 面与 B 面
		实践活动与创新	历史剧的编演
			历史小制作
			历史漫画创作
			历史歌曲创作
			历史小论文撰写
			历史名菜品源与烹饪

		心理	自立能力竞赛（初一）
			我的校园绘画比赛（初一）
			健康生活小达人知识竞赛（初二）
			应试心理与初中生人生规划（初三）
政治学科的拓展课（道德与法律）		道德	诚信心灵交流会——诚信的选择（初一）
			校园欺凌成因分析专题讲座（专题）
			集体的力量——团队拓展（初二）
			我的角色与责任——（初三）
		法律	未成年人保护法案例解读（初一）
			消费者权益保护法案例解读（初三）
			广州市中学生法律竞赛（初一、初二）
			设计宪法宣传活动方案——（初三）
		国情	新闻摘抄与《新闻周刊》观看
			国家地方建设成就数据（初三）
			时事漫画比赛——（全校）
			广州市中学生时事知识竞赛（初二）
			广州市中学生小论文比赛（全校）

6. 体育美术音乐心理

体育、美术、音乐、心理的"X"课程，由这几个学科国家课程以外的拓展课程组成。体育除了中考体育、体能、运动技术、身体素质外，还有团队体育意识、体育道德的建设和健全人格的培养，所以，体育拓展课程包括每天的"三操"、每年的两场运动会，以及我校特有的体育社团和体育竞赛活动。音乐及美术学科除了要了解理论知识外，还要懂得鉴赏，并进行具体的实践，所以，音乐和美术的拓展课程分为理论、鉴赏、实践三个方面。心理拓展课程根据我校的实际情况，分为普及化课程、个性辅导、专题讲座、团体活动几个方面，在个人与团体、青春期心理和生命教育等多个领域全方面、多维度地解决初中阶段出现的心理问题，见表13。

表 13　广州市二中苏元实验学校体育、音乐、美术、心理学科"1 + X"课程内容简介

			广播体操
体育音乐美术心理	体育学科的拓展课	集体体育	眼保健操
			跑操
		体育竞赛	"苏超"球类联赛
			校外体育竞赛
		运动会	水运会
			"元元"运动会
		体育社团	常规体育社团
			新兴体育社团
			民族传统体育社团
	音乐学科的拓展课	理论	乐理知识
			音乐常识
		鉴赏	经典民族作品鉴赏
			经典西方作品鉴赏
			经典世界作品鉴赏
		实践	课堂音乐实践
			课外音乐实践
	美术学科的拓展课	理论	东西方美术史
		鉴赏	走近大师系列
		实践	篆刻
			书法
			中国画
			色彩
			素描
	心理学科的拓展课	普及化课程	环境适应
			自我认识
			学习心理
			人际沟通
			青春期心理
			情绪调适
			应对挫折和失败
			职业规划

		个性化辅导	个体心理辅导
			团体心理辅导
			危机干预
心理学科的拓展课		专题化讲座	青春期人际交往
			考试心理调节
			亲子沟通
			时间管理
			生命教育
		团体性活动	新环境适应团拓活动
			学生干部能力培训
			心理剧编演
			生涯初步探索

结合我校原有学科评价标准,我校制定切合本校实际的"灵性学科"评价量表,如表 14 所示。

表 14 广州市二中苏元实验学校"灵性学科"评价量表

	评价指标	权重	自评	审评	备注
学科组织建设25分	有学科带头人和成员,有具体的分工	5			
	发展目标明确,切实可行,成员知晓率高	5			
	有先进的学科教学理念,成员认同度高	5			
	有学科资料积累,有骨干教师示范引领	5			
	全体成员有良好的职业道德,有奉献精神,每年组织学科节活动	5			
学科常规教学30分	有详细具体的学期计划,目标明确,计划内容与学科发展目标一致	5			
	学科带头人能及时传达教研室及教导处精神,与成员一起积极参与,落实工作	5			
	教学突出多元性,理论知识和实践技能相结合,基础性与全面性相平衡,反映学生分析问题、解决问题能力、创新能力	5			
	重视各层次学生的辅导工作,有学法指导的举措和成效	5			
	组织教研活动,有主题,针对性强,成员主动积极参加,有过程性记录	5			
	成员积极参加各类教学研讨活动,积极听课评课	5			

评价指标		权重	自评	审评	备注
学科教学研究20分	教学研究氛围浓厚,学科带头人善于协调、调动成员积极性,能客观公正地评价成员的工作	5			
	有研究课题,强化"问题即课题"的意识,每学年有一次校级主题论坛交流展示	5			
	成员能基于学科特点和学生需求,开发校本课程或设计若干课时的微课	5			
	积极承担或参与市、区级各类培训与研讨活动,重视校际交流与合作	5			
学科成果体现25分	学科研究成果在校级以上成果评选中获奖,成员研究成果在区级以上报刊发表或竞赛获奖(含专业学会)	5			
	成员承担区级或以上研讨课任务,或在区级以上课堂教学评比中获奖	5			
	成员在各级教师技能比赛中取得优异成绩,或获评"岗位能手"等荣誉	5			
	指导学生开展各种技能竞赛或组织课外活动,取得优异成绩或产生区域影响	5			
	在某些方面形成鲜明特色,承担区级或以上特色课程展示,区域辐射效果显著	5			
总分		100			
综合评价等级					

备注:评价等级分五个等级:90—100 为优秀,80—89 为良好,70—79 为中等,60—69 为一般,0—59 为待改进。

(三) 做活"课程整合",建构主题式探究课程

随着科学技术的发展,多学科融合已经成为一种发展趋势,社会也越来越需要一专多能的"复合型"高素质人才。因此,我校构建主题式探究课程,将多门学科的知识和技能进行整合,使各科知识融会贯通,培养符合当前教育改革需要的更全面、更灵活、更丰富的学生。同时,构建这样的课程,也有助于提高教师的综合素养,促进教师的综合发展。

1. "课程整合"的主题聚焦

以"HOME"课程体系为指导,以"家"为主线,设计初中三个学年共六个学期

的主题式探究课程。在课程设置中,我们尝试打破学科界限,以统一的主题来连接不同的学科,使学生在此过程中建立系统的思维方式,体验知识之间的内在逻辑关系,将课内学习和课外实践活动融为一体,培养学生动手解决实际问题的能力。通过主题整合,将一些零散的、具有相同要素的知识点通过某种方式彼此衔接组合在一起,统筹教学内容,形成有价值、有效率的一个整体(详见表15—表17)。通过制作类和纸笔类的开放性考查方式进行学习评价,制作类考查的形式为手抄报、标本、模型、科技制作等,纸笔类考查的形式为论文、调查报告、实验报告、文献综述等。

表15　广州市二中苏元实验学校七年级主题式探究课程整合设置

七年级	主题1(上学期) 美丽苏元山——我的新家 了解学校历史;体验学科魅力; 宣传班级文化;学习自我调适	主题2(下学期) 可爱义忠仁——我的家人 参与学科比赛;学会自我接纳; 学会包容他人;处理人际关系
语文	演讲:姓名的故事; 阅读:"吾爱吾师"主题阅读; 鲁迅《朝花夕拾》; 习作:《苏元山下的_____(季节)》	演讲:我爱我家; 阅读:"童年故事"主题阅读; 高尔基《童年》; 习作:《我们班的牛人》; 活动:班级朗诵比赛
数学	数学"元"文化; 制作长方体形状的包装纸盒	坐标方法的简单应用; 从数据谈节水
英语	A day at school;An e-friend	My grandma;Sara's relatives
道法	我的校园绘画比赛——熟悉校园环境; 诚信心灵交流会	自立能力竞赛——我是当家的人; 未成年人保护法案例解读
历史	苏元山史话	"义、忠、仁"论坛
地理	制作经纬网球; 苏元山下的定向越野	向世界出发 地理知识竞赛
生物	生物与环境的关系; 生物圈是地球上所有生物的共同家园	保护小心脏,远离冠心病; 勤做眼保健操,预防近视
体育	苏元山下的校道越野跑	"苏元杯"班级球类联赛系列1
音乐	速度与节奏的碰撞;美妙的音符	同唱中华谣;知根与走心
美术	美丽苏元山我的新家——校园写生	同桌的你——肖像速写
信息	互联网;网络道德和信息安全	图片的加工和处理;视频制作
心理	认识自我;我的自画像	架起沟通的桥梁

表16 广州市二中苏元实验学校八年级主题式探究课程整合设置

八年级	主题3(上学期) 生活万花筒——家的启迪 体味校园生活;了解身边故事; 拓宽知识深广度;实践理论知识	主题4(下学期) 家庭五棱镜——我爱我家 感悟学习和生活;领略感恩的意义; 提高学习积极性;增强班级凝聚力
语文	演讲:运动员的故事、作家的故事; 阅读:"身边平凡人"主题阅读; 法布尔《昆虫记》; 习作:《_____影响我成长》	演讲:生活中的语文; 阅读:"民风民俗"主题阅读; 傅雷《傅雷家书》; 习作:《我们班,就该这样爱》; 活动:个人演讲比赛
数学	三角形的稳定性的应用; 利用轴对称设计图案	数学的眼光看优惠; 与数据对话
英语	An exchange visit is educational and interesting; The "Human Encyclopedia"	Helping those in need; Endangered animals
道法	集体的力量——团队拓展; 健康生活小达人知识竞赛	校园欺凌成因分析——校园人际交往; 广州市中学生时事知识竞赛
物理	自制温度计;自制照相机	家装LED灯
历史	历史名菜品源与烹饪	我的家族史
地理	苏元山考察;野外天文观测	广州地理;思维导图竞赛
生物	细菌与牛奶——巴氏消毒法; 酵母菌与甜酒制作	基因与性状; 保护生物圈,保护生物多样性
体育	班级拔河比赛	"苏元杯"球类超级联赛系列2
音乐	王洛宾的音乐故事;黄河流域的歌	当贝多芬遇上李斯特; 《不想长大》的莫扎特
美术	走进大师的世界——鉴赏	色彩世界——水粉画
信息	表格数据分析;表格数据的图形化	程序中的对象;虚拟机器人
心理	感恩的心	快乐节拍——团体协作

表 17　广州市二中苏元实验学校九年级主题式探究课程整合设置

九年级	主题 5(上学期) 为家争光——坚韧顽强 确立目标;规划人生;学习学法; 应用知识;培养坚毅	主题 6(下学期) 家校情深——扬帆启航 决战中考;反思总结; 树立理想;团结校友
语文	阅读:"成长心路"主题阅读 施耐庵《水浒传》; 习作:《冲过风雨》	阅读:"热爱生命"主题阅读—— 《钢铁是怎样炼成的》 习作:《荔枝红了》; 活动:课本剧表演
数学	跑道设计; 概率与中奖	测量旗杆的高度; 奇妙的分形图形
英语	Two geniuses; What advice would you give about students' problems?	A thank-you email; Growing up
道法	我的角色与责任; 我的大家与小家——国家地方建设数据	弘扬中华民族精神　写我精彩人生篇章;应试心理与初中生人生规划
物理	科学家的启迪故事	设计校园安全节约用电方案
化学	化学魔术揭秘;硫酸铜大晶体制作; 运用化学桌游学习化学用语	化学"鸡尾酒"制作; 化学微观模型制作;化学漫画创作; "我与化学"调查研究实验探究
历史	我的昨天今天明天	校友面对面
体育	校园定向越野	徒步香雪公园
音乐	克里斯汀与《猫》;奇妙的和弦	旋律与心情;用音符谱写此刻的自己
心理	职业生涯规划	青春结伴同行

2. 主题式课程整合的评价

　　由学校教导处、德育处、团委和少先队、科组长和班主任共同开发课程,确定整合主题,制定课程教学计划。由主题负责人联合课题组的教师集体备课,落实教案的设计,汇编教学材料。根据以下标准,学校成立主题式课程评价小组,评价每个主题每个科目的课程内容(见表 18),不断完善适合校情和学情的整合课程。

表 18　广州市二中苏元实验学校主题式探究课程评价标准

主题课程评价项目	主题课程评价描述	主题课程落实情况			
		很好	较好	一般	待改进
主题课程的理念体现与教学设计	贴近主题课程的基本理念,具有特别的教学模式,体现科目多边合作,教学目标和谐统一。				
主题课程的目标制定与达成情况	确定适合学情及主题课程特点的教学目标。教学效果良好,每个学生都有所收获,能够达到预设的教学目标。				
主题课程内容设置及教材开发的恰当性	课程内容充实具体,结构清晰合理,具有学科知识的拓展延伸及补充完善。教材开发、内容设计符合实际需求,学生能学以致用,学以提高。				
主题课程内容的趣味性和前瞻作用	课程内容深入浅出,注重提高学生的学习积极性,激发学生的学习兴趣。针对不同年龄段学生的身心特点选择生动有趣的课程内容。课程持续性良好,能与时俱进,实现学科间交叉渗透,发掘新知识、新观点,适应学生未来的发展。				
主题课程教学方法的多样性和创新性	教学方法与课程目标一致,采用灵活多样的教学方法,不断研究、完善、创新教学方法,符合学生学习能力及学习特点,得到学生认同,受学生喜爱。				

(四) 搭建"灵性舞台",推进节庆仪式课程

从学科基础课程到学科拓展课程,再到主题式探究课程,学生不仅增长了知识,提高了技能,获得了方法,受到了情感熏陶,而且自主选择能力和自主学习能力也得到了逐步增强。在此基础上,学生自然需要一个能够学以致用的舞台,将所学知识付诸实践,从而提高个人素养。我校通过设置节庆仪式课程,借校园节日和传统节日,为学生提供了一个充分运用所学知识、发挥个人与集体才能、彰显个体"灵性"的舞台。

1. "灵性舞台"的若干类型

（1）强化学以致用，发展有学科特色的四大节庆活动：艺术节、体育节、科技节和读书节，见表 19。

表 19　广州市二中苏元实验学校校园节日课程

校园节日	课程内容
艺术节	主题文艺晚会
	主题艺术展
	校园宿舍文化艺术节
	英语 Super Singing Star 歌唱比赛
体育节	游泳运动会
	"元元"田径运动会
	"舞动青春"广播操
	"苏元杯"超级联赛
科技节	水火箭制作
	机器人软件制作
	3D 打印技术成果展示
	纸飞机比赛
读书节	戏剧节
	演讲比赛、诗歌朗诵比赛
	Performance English 比赛
	百科知识竞赛

（2）重视中华传统节日，发展有教育特色的节庆活动，见表 20。

表 20　广州市二中苏元实验学校节庆活动课程

节日类型	节日	课程内容
国家节日	国庆节	爱国主义教育
公益节日	植树节	组织植树节实践活动
传统节日	元宵节	组织"历史上的今天"小活动，让学生分享节庆的现实内涵
	清明节	
	端午节	
	中秋节	举办中秋节赏灯会
校园节日	百日誓师	初三百日誓师活动

（3）培养学生自主管理能力，发展能丰富校园生活的社团活动，见表21。

表 21　广州市二中苏元实验学校团队活动课程

社团名称	社团类型	活动内容	活动地点	活动时间	活动对象
欧美音乐社	文艺类	欧美流行音乐舞蹈赏析	阶梯室	周四放学后	非毕业班学生
漫研社	休闲类	动漫研究	阶梯室	周一放学后	
街舞社	文艺类	街舞学习	舞蹈室	周三放学后	
"爱·生活"社团	休闲类	烹饪、酿酒等厨艺学习	生物室	周三综践课	
"义、忠、仁"航模社团	科学类	航模学习	田径场	中午	
棋艺社	竞技类	多种棋类竞赛	教学楼中庭	课余时间	
吉他社	文艺类	吉他学习	音乐室	周四放学后	
纯韩音乐社	文艺类	日韩流行音乐舞蹈赏析	阶梯室	周三放学后	
篮球社	竞技类	篮球竞赛	篮球场	周四放学后	
文学社	文艺类	文学交流学习	图书馆	周三放学后	
历史剧社	文艺类	历史剧排演	阶梯室	周二放学后	

备注：

1. 社团组建方式：我校的社团组建由学生自主完成，学生需持"社团申报书"、"指导老师及成员认定书"、"社团管理制度"三份文件，向学校团委递交申请，经审查批准后即可成立。

2. 社团活动时间：我校是寄宿制初中，学校课程与活动非常丰富，因此，学生的社团活动时间规定为每天下午放学后至晚自修开始前的自主时间，由各社团申报，社团部统一协调安排。

（4）鼓励学生全面提升，发展能愉悦健康身心的兴趣活动，见表22。

表 22　广州市二中苏元实验学校兴趣小组课程

兴趣小组类型	兴趣小组名称
生活美学	茶文化
	摄影
	爱生活爱美食
	篆刻
声乐	合唱团

兴趣小组类型	兴趣小组名称
器乐	管乐团
舞蹈	舞蹈队
球类体育	篮球、足球、气排球、乒乓球、羽毛球、网球
传统体育	醒狮
户外运动	自行车、徒步

2. "灵性舞台"的评价标准

"灵性舞台"活动的成功与否,效果的好坏要看是否具备计划性原则、延续性原则、创新性原则、有效性原则以及安全性原则,评价活动的效果需要从以下几个方面测评,见表23。

表 23　广州市二中苏元实验学校"灵性舞台"效果评价表

要素	指标	评价等级		
		A	B	C
计划性	1. 学期初要确定好活动的主题、启动时间、举办方式和负责人			
	2. 活动前 2—4 周要拟定具体的活动方案,并递交行政会议审批通过			
	3. 活动举行之前要召开筹备会议,落实各项细则安排			
延续性	1. 活动要在每年相近的时间举行,以此作为学校的传统			
	2. 每年的活动应由部分相同的核心团队成员带领新的团队成员实施完成			
	3. 活动总体目标与育人理念应得以传承			
创新性	1. 活动的主题应与当年的时政热点结合,传承主流价值观,树立正面的影响			
	2. 活动的形式与环节、实施手段与方式应符合时代要求,锐意创新			
有效性	1. 活动能培养学生的综合能力,拓宽学生的视野			
	2. 活动能调动大部分学生的参与积极性,让学生获得成就感,情感获得激发			
	3. 活动能加强师生间的交流和融合,使师生间、学生间彼此欣赏			
	4. 活动能对学校有正面的宣传作用			
	5. 活动后进行多种形式的活动总结			

要素	指标	评价等级		
		A	B	C
安全性	活动必须制定应急方案,如涉及需要疏散的,还应制定应急疏散方案,确保活动中学生的安全			
总评				

　　总之,我们要把学校打造成"校园—家园—乐园",目前,最主要的途径便是在"灵性教育"这一学校课程理念的指引下,让灵性的学习滋养学生的生命,让灵性的教育激发学生的无限潜能。"灵性教育"课程的开发和实施,将对学生的发展、教师的发展以及学校的发展发挥重要的作用。

第一章

Health：身心健康之家课程

幸福的首要条件在于健康。健康是欢乐与满足的源泉。所有的健康体育类课程不只是为了满足学生的兴趣，还为了增添知识，开阔视野，接触多种风格、方式的体育锻炼。通过学习身心健康课程，学生心灵丰盈、品格完善，在课程中找到归属感，校园生活变得踏实和充实，只有当心灵充实了，品格完善了，人生才会一路向阳。

现代意义上的健康不仅仅是生理上的,更是心理上的,指人的身心处于良好的健康状态,正常没有缺陷。身是身躯的总称,指人的身体、肉体。心则是人的思想、意念、精神。世界卫生组织提出"健康不仅是躯体没有疾病,还要具备心理健康、社会适应良好和有道德"。

"幸福的首要条件在于健康。"学生正处于最美好的青春期,青春是激情与活力的象征,有着生命飞扬的美丽。身心健康之家课程关注学生身体,让学生身体强壮健康、充满活力以此更好地挥洒才能、实现理想、展现自我、激昂青春、丰盈心灵。身心健康之家课程更关注学生心理的健康成长,让学生在课程中找到心灵的归属感,在校园生活中收获踏实和充实,只有当精神充实了,心灵丰盈了,人生才会一路向阳。身心健康之家课程在做好心理品质教育的同时,突出品格修养的教育,培养学生坚韧不拔、刻苦勤奋、坚强勇敢的精神。

在"灵性教育"哲学指引下,结合课程理念和育人目标,健康身心之家课程囊括体育、心理、德育、特色综合实践课程、体育节、快乐微跑、清爽之约等多个学科和多个活动,基于目标导向开设课程。例如,《健身塑形》课程的具体内容有健康知识、游泳、足球、跳绳、田径等,其目标是让学生养成体育锻炼的兴趣和习惯;使得学生身体素质均衡发展,发展学生的灵敏、耐力、力量素质;让学生掌握足球、游泳、跳绳等简单的运动技术;培养学生的合作意识和坚韧意志品质。《快乐微跑》课程的活动主要是跑操,其目标是发展学生的心肺耐力、培养学生的集体主义精神。《"苏超"联赛》课程的具体活动有"苏超"篮球、足球、气排球、羽毛球联赛,其目标是让学生正确认识竞争与合作的关系、正确地应对困难、培养学生集体荣誉感,让学生形成诚实、友爱、公平的品质。《清爽之约》课程的主要活动有教室清洁、宿舍清洁、校园清洁,其目标是让学生成为一个文明、有担当的好学生,有责任的好公民。《生涯探寻》课程内容包括新生入团、环境适应、认识自我、情绪调节、心理学习、人际交往、青春期心理、压力舒缓等,其目标是帮助学生迅速融入新环境、正确认识自己、学会调控情绪、学会学习、处理好人际关系、学会舒缓压力等。《醒狮》《无线电测向》课程,其目标是让学生能大胆提出问题,对所提出的问题进行比较和评价,并尝试解答问题。

统一主题方式开设课程。整合不同学科,由学校教导处、德育处、团委和少先队、科组长和班主任共同开发课程整合部分,确定整合主题,制定课程教学计划。由主题负责人联合课题组的教师集体备课,落实教案的设计,汇编教学材料。例如:德育课程方面,具体的课程内容有开学第一课、感恩演讲、志愿活动、成人礼、入团仪式等;特色综合实践课程方面,具体的内容有无线电测向、悦走·越敬、几米时光、醒狮、桌游乐满 FUN、影视世界等;体育节庆方面,具体的活动有游泳运动会、"元元"运动会、广播操比赛、水运会等。学生在此过程中建立系统的思维方式,体验知识之间的内在逻辑关系,将课堂教学和社会实践活动相结合,将课内学习和课外实践活动融为一体,培养学生解决实际问题的能力。

普及课程与拓展课程相结合。体育除了中考体育、体能、运动技术、身体素质之外,还有一些团队体育意识、体育道德建设、人格健全等方面的培养,所以,体育拓展课程包括每天的三操、每年的两个运动会,我校特有的社团体育和体育竞赛方面。心理课程根据我校的实际情况,分为普及化课程、个性辅导、专题讲座、团体活动几个方面。让学生在个人、团体、青春期心理、生命教育等方面全方位多维度地解决初中阶段会出现的心理问题,达到健康身心之家课程目标。

蒙田说:"健康是自然所能给我们准备的最公平最珍贵的礼物。"健康是人类生存之基,协调好自我生理与心理的关系,保持身心健康是科学把握人生道路,创造有价值人生的前提。健康身心之家课程以学生为本,关注学生身体与心理的同步健康成长;以活动和体验为主,注重学生身体素质教育和心理品质教育,并突出品格修养的教育;提倡课内与课外、教育与指导、咨询与服务的紧密配合。坚持面向全体学生,努力做到因材施教,给学生发展个性的机会与时间,使每个学生都能从运动中体验到学习与成功的乐趣,满足学生自我发展的需要。

(撰稿者:陈上娣)

健身塑形

一、课程概述

良好的体育教育要从孩子抓起。习近平总书记指出：我国有 3 亿多少年儿童，让孩子们健康成长关系祖国和民族的未来，也是每个家庭最大的愿望和期盼。少年强、青年强则中国强。这个"强"是多方面的，既包括思想品德、学习成绩、创新能力、动手能力，也包括身体健康、体魄强壮、体育精神。健身塑形课程正是为了提升学生的体能素质、综合素质而开设的。

健身是一种体育锻炼形式，它以增强力量、柔韧、耐力、协调、控制等能力为目的，以徒手健美操、韵律操、形体操、器械练习、球类运动、游泳以及各种户外运动为手段，从而达到强健身体的目的。这些项目大多为有氧运动。有氧运动好处多多，能锻炼心肺、增强循环系统功能、燃烧脂肪、加大肺活量、降低血压，甚至能预防糖尿病，减少心脏病的发生。青少年还可以通过健身，达到减脂、增肌、塑形的效果。

本课程适合七、八年级的学生，课程理念是：趣味锻炼、身心健康、科学成长。现在中学生对于健身的理解只是停留在体育运动的表层，比如打打球、跑跑步，而对于如何提高运动能力和怎样科学锻炼则知之甚少。同时，现在中学里肥胖和体质虚弱的学生较多，健身塑形课程主要针对这一类学生开设，让学生了解健身的知识，掌握科学的健身方法，从而提高他们的身体素质，加强他们的体能，为塑造完美的形体打下基础，也为终身锻炼的体育意识打下基础。

二、课程目标

1. 掌握健身的基本理论和方法，发展协调性、速度、力量、柔韧、有氧耐力等基本能力,制定并实施适合自己的健身计划,形成吃苦耐劳的意志品质。

2. 学习塑形的基本理论,坚持科学地参与健身塑形运动,学会用合适的方法改善个人形体,展现健康、积极、向上的精神风貌。

三、课程内容

本课程共分为三部分内容,即健身常识、健身方法与塑形、健身与塑形实践。

（一）健身常识

健身常识涉及准备活动的方法和作用、有氧运动与无氧运动的基本知识、常见运动损伤的处理、合理运动安排、运动后放松恢复的方法等。常识学习可以帮助学生更快提升健身水平,并且在健身过程中保护自己,避免身体损伤。

（二）健身方法与塑形

上肢肌肉的结构与锻炼方法、下肢肌肉的结构与锻炼方法、腰腹肌肉的结构与锻炼方法以及全身肌肉的组合练习方法。

（三）健身与塑形实践

根据学校实际情况,将本课程分为六个模块,主要有以下内容:徒步、慢跑、游泳、球类运动、健身器械运动、操化舞蹈类。

四、课程实施

本课程共 36 课时,根据学生情况开设健身理论、健身方法、实践操作等内容。同时,设置相关作业,参考当下流行的一些健身 APP 制定适合自己的健身计划。其目的是增强肥胖和瘦弱的学生的体能,使他们建立自信,为学生终身体育意识打下坚实的基础。具体实施方法如下:

（一）知识讲解法

制作健身塑形课程的 PPT,利用多媒体设备讲授健身塑形的常识及锻炼方法。示范动作的时候同步讲解动作要领和练习方法,并讲清练习的目的。

（二）信息查阅法

布置相关作业,如查阅相关书籍学习理论及健身常识。学生节假日在家利用电脑查阅并学习健身塑形相关知识和健身方法。

（三）模仿随练法

教师要求学生按照规定的组数跟着教师完成相应的练习内容。

（四）制定计划法

参考网络上的一些健身 APP,选用合适的健身方法,制定适合自身情况的健身计划。

五、课程评价

本课程的评价是指在课程终结后进行的质量性评价和认定性评价:对学生在知识掌握程度、课程参与度、身体素质指标进步程度等方面进行综合评价;此外,还通过投票评选出"健身达人"、"减脂达人"、"增肌达人"等优秀学生。具体评价方法如下:

（一）质量性评价

对学生的知识理解和练习方法进行测试。按照学生能否充分理解知识、能否严格按照教师要求完成练习进行评价。评价结果分为优秀、良好、合格、不合格,见表 1 和表 2。

表 1　学生知识理解评价表

等级	优秀	良好	合格	不合格
知识理解	完全掌握各项练习方法和技巧	较好地掌握各项练习方法和技巧	基本掌握各项练习方法和技巧	不能掌握各项练习方法和技巧
练习完成	能严格按照教师的要求完成练习	较好地按照教师的要求完成练习	基本按照教师的要求完成练习	不能按照教师的要求完成练习

表 2 学生体质数据指标个人量化评价表

姓名		性别		出生年月		
项目	初始数据	最终数据		进步	持平	退步
身高体重指数						
肺活量						
耐力(800/1 000 米)						
力量(仰卧起坐/俯卧撑)						
柔韧(坐位体前屈)						
速度(50 米)						
弹跳(立定跳远)						
综合评价						

备注:6 项及以上指标取得进步为优秀;4 项及以上指标取得进步为良好;2 项及以上指标取得进步为合格;少于 2 项指标取得进步为不合格。

(二)认定性评价

由学生投票评价,评出各类别达人,予以认定表扬。

健身达人:根据学生课程中健身频率、次数进行评价;

减脂达人:根据学生课程开始时脂肪含量与课程结束时脂肪含量进行评价;

增肌达人:根据学生课程开始时肌肉含量与课程结束时肌肉含量进行评价。

（开发教师：向元兵）

课程
1-2

生涯探寻

一、课程概述

　　生涯规划是指一个人在对职业生涯的主客观条件进行测定、分析、总结的基础上,对自己的兴趣、爱好、能力、价值观等特点进行综合分析与权衡,结合就业环境特点,根据自己的职业倾向,确定最佳的职业奋斗目标,并为实现这一目标做出行之有效的计划。生涯规划可以让我们更好地了解自身的优点和缺点,进行有针对性的学习。

　　生涯规划源于20世纪初叶的美国。后来,许多发达国家从中学甚至小学就开始培养学生的职业观念,开展形式多样的职业指导教育和职业生涯规划教育。在我国,随着新高考和新中考的改革,越来越多初、高中生开始意识到生涯规划的重要性。

　　然而,就学校教育的现状来说,初、高中生较少接受职业生涯规划教育,相当一部分学生在面临职业生涯重要选择的时候认识不够,准备不足,所以探索职业方向、了解未来的生活道路,是中学时期学生生活中的一个重要任务。

　　本课程的对象是七年级的学生。本课程的设计理念是:*知己知彼,探索未来*。生涯规划并不是一成不变的剧本,不以能否达到目标为标准,而是通过了解外在社会环境和自身情况来探寻自己生涯发展的方向,并以此方向为指引来进行不断的自我认知与自我完善的过程。

二、课程目标

　　1. 初步了解、探索自身的能力、兴趣、价值观和性格特点,为自己未来生涯发展做好准备。

2. 掌握生涯发展中环境、角色、挑战的应对方式,结合自身情况探索个人发展路线的可能性。

三、课程内容

本课程的主要内容分为"知己"和"知彼"两部分。"知己"部分将从个人的兴趣、能力、性格特质和价值观等四个方面来加深对自我的认识,在此基础上,进一步探索个人的生涯发展愿景、目标及自身优势。"知彼"部分将主要从生涯发展的机遇、生涯发展的挑战、生涯发展中的人际资源以及生涯发展的其他外部资源来探索生涯发展中的环境、角色与挑战。

（一）知己

我是谁？我要到哪去？我如何去？这是我们每个人都需要问自己的问题。当我们拥有这样的意识时,也就开始懂得了如何规划自己,规划自己的未来。每个人的兴趣爱好、个性特征不同,价值观也千差万别,擅长的领域也有所不同。如果一个人未来能够从事自己感兴趣又擅长,且与自己的个性特征和价值取向一致的职业,那将是一件非常幸福的事;反之,如果自己不感兴趣,或者不擅长,抑或是与自己个性和价值取向不匹配,那么,这样的职业生涯将会影响一个人的幸福感。因此,在进行生涯规划前,认识自我非常重要,要回答以下问题：我的兴趣是什么？(即：我想做什么？)我的能力有哪些？(即：我能做什么？)我的价值观是什么？(什么是最值得我做的？)

"知己版块"包括生涯能力分布、生涯价值体系、生涯发展兴趣、生涯发展个人特质、生涯发展中的决策风格、生涯发展愿景、生涯发展自身优势等方面,对应的活动有奇幻之旅、价值追选、霍兰德职业兴趣岛、MBTI测试体验及介绍、CASVE模型介绍及应用、绘制生涯彩虹图、我的成就事件。

（二）知彼

生涯规划要面向未来、面向社会,因此,必然需要了解外部环境和情况。每种职业所面临的机遇和挑战均不相同,在生涯发展过程中所面临的资源和阻碍也不尽相同。在知己的情况下,如何根据自身情况去选择和规划一个适合自己的发展路线,以及生涯发展过程中可能会遇到哪些挑战? 遇到这些挑战时可以如何面对? 有哪些解决途径和可以利用的资源? 这些都将会在知彼部分探讨到。

"知彼版块"包括生涯发展机遇、生涯发展挑战、生涯发展中的重要他人及其影响、生涯抉择中的影响因素、生涯发展外部资源、生涯发展中的冲突化解等方面,对应的活动有绘制家庭树、"曲线救国"等。

四、课程实施

本课程用时 24 课时,"知己版块"和"知彼版块"各用 12 课时。课程需提前准备好多媒体课件、背景资料、活动所需的材料(如:音乐、空白的生涯彩虹图)等。具体实施方法如下:

（一）小组讨论法

小组讨论教学法是一组人集中在一起就教师提出的某个话题展开交流讨论。例如,在探索个人兴趣的霍兰德职业兴趣岛活动中,选择同一个岛屿的"岛民"一起讨论自己岛的特点,并完成为自己的岛屿设计宣传语等任务;再如,在探索个人价值体系的"价值迫选"活动中,让学生交流讨论自己做出选择的原因;又如,绘制家庭树后,请学生讨论家庭成员的职业对自己的影响等。

（二）体验教学法

体验教学法是一种在教学过程中为了达到既定的教学目的,从教学需要出发,引入、创造或创设与教学内容相适应的具体场景或氛围,以引起学生的情感体验,帮助学生迅速而正确地理解教学内容,促进他们的心理机能全面和谐发展的教学方法。在本课程中,涉及很多体验活动,例如,奇幻之旅、绘制生活彩虹图、绘制家庭树、决策风格的探索等。

（三）知识讲授法

是一种教师通过口头语言向学生描绘情景、叙述事实、解释概念、论证原理和阐明规律的教学方法。由于本课程面向的是中学生,有一些知识性的东西有必要解释清楚,以更好地实践和探索,例如,SWOT 分析、CASVE 模型、多元智能理论等几个重要理论模型会用到该方法。

（四）量表测评法

测评法是用一套预先经过标准化的问题（量表）来测验某种心理品质的方法,通过测验,可以为进一步地诊断、评价、甄选有效的实践与指导提供依据。根据不同的要求有不同的分类方法。心理学有一系列成形并且具有效度的量表,在探索自我的过程中,借助量表是一个很好的方法。例如：通过 MBTI 测试来了解自己的性格特质,通过霍兰德职业兴趣岛测试来了解自己的兴趣方向等。使用量表测评法需要注意的是,对于量表的解释不可过于片面,要引导学生合理看待量表测量的结果,认识到测量结果为自己打开了更多的可能性,而非限定于"自己一定是这样"。

（五）自我反省法

自我反省法要求经常地自我回顾、检查,对自己的思想、心理和行为表现进行总结,肯定优点、长处,找出缺点、不足,明确前进的目标。例如：探索生涯发展过程中自身的优势、生涯发展愿景、生涯发展中的重要他人及对自己的影响,这几个版块均可采用反省法。

五、课程评价

学生的生涯探寻是一个成长、循环的过程,不断地认识自我和刷新自我的过程,在不同阶段都有不同的学习表现,认知方式也有所不同,所以,课程设置了过程性评价,鼓励学生对自己学习能力进行认知与提升。

（一）作品评价法

每人完成一份生涯探寻分析报告书。根据报告书分析的深入程度来进行评价,评出"最佳报告书"作品。

"最佳报告书"的评选方案为：根据作者是否对自身的兴趣、能力、价值观等方面有全面的认识以及对外在环境的了解是否充分为主要评价依据。不要求作者一定要有明确的生涯发展规划,但需对自己未来发展的可能方向进行探讨。

（二）评选评价法

教学中注重收集各种资料,将课程资料进行归集,按照归集的完善程度来进行评价,评出"资料归集小达人"若干名。

"资料归集小达人"的评选方法为:学生对每一次活动过程中所生成的资料进行归集,如:学生绘制的生涯彩虹图、生涯访谈资料等,根据归集资料的全面度,由师生一起评价,归集全面的同学即获得"资料归集小达人"称号。

（开发教师：彭　菊）

醒狮

一、课程概述

2006 年,国务院批准文化部确定的第一批国家级非物质文化遗产名录,其中狮舞是第三部分民间舞蹈之一。狮舞包括徐水舞狮、天塔狮舞、黄沙狮子、广东醒狮。而广东醒狮是指佛山市、遂溪县、广州市的舞狮活动。

本课程理念是:传承狮舞,灵动身心。本课程适合七年级和八年级学生。课程传授舞狮技巧,提高学生表演能力,丰富其体育文化生活。组织学生代表学校参加醒狮比赛,参加校运会开幕式、校庆等其他大型活动表演,让学生在各种活动中展现自我价值,弘扬中华传统文化。

二、课程目标

1. 初步了解醒狮的基本情况和知识,感受中国传统体育项目的魅力。
2. 掌握醒狮的技术动作和表演技巧,体会醒狮带来的成就感和幸福感。

三、课程内容

本课程主要内容是醒狮文化、醒狮技术、醒狮表演。具体包括以下三部分:

(一)醒狮文化

醒狮文化包括醒狮文化历史、醒狮道具造型特点。醒狮文化历史方面,主要让学生了解中国狮子的引入始于汉代。天竺、狮子国的外使朝贡,使宫廷的艺术部门有了发挥机会,模拟狮子的艺术应运而生。醒狮道具造型方面,主要告知学生广州市的沙坑醒狮的道具特点——狮头额

窄,眼大而能转动,口阔带笔,背宽、鼻塌、面颊饱满,牙齿能隐能露。

（二）醒狮技术

主要包括醒狮音乐的搭配与掌握、醒狮舞的动作与套路。因舞狮表演需要两人完成,两人在狮内无法商量动作步伐,故所有动作的起止大都靠锣鼓指挥节奏。一般来说,初期学习舞狮者都会先学习锣鼓节奏,只有熟悉了舞狮锣鼓节奏之后才能开始学习舞狮。醒狮的音乐由击打狮鼓、锣、钗演奏,音乐是使狮艺神态表演达到最佳效果必不可少的条件,对狮艺形态是否逼真、套路完成与否起到决定作用,应突出轻、重、快、慢、急、缓、停等种类。醒狮舞的主要动作套路有"采青"、"高台饮水"、"狮子吐球"、"踩梅花桩"等。其中"采青"是醒狮的精髓,有起、承、转、合等过程,具戏剧性和故事性。"采青"历经变化,派生出多种套路,流传广泛。

（三）醒狮表演

醒狮表演分文狮、武狮和少狮三大类。教师指导学生,通过在地面或桩阵上做出腾、挪、闪、扑、回旋、飞跃等高难度动作,演绎狮子的喜、怒、哀、乐、动、静、惊、疑八态,表现狮子的威猛与刚劲。舞醒狮的表演程序是:出洞、下山、过桥、饮水、采青、醉睡、醉醒、上山、玩球、大头佛戏狮……醒狮表演学习就是反复指导、示范、模仿、练习的过程。

四、课程实施

本课程总共学习课时为 12 节,具体实施方法如下:

（一）理论讲解法

教师通过 PPT 以及相关文献资料展示,讲解醒狮的起源、发展和其他基本理论知识,提升学生对醒狮文化的基本了解和认识。通过教学视频,展示醒狮动作、表演、音乐,直观感受醒狮的基本技术要求。

（二）表演示范法

通过先分解后整体地讲解和示范醒狮技术动作要领,包括醒狮头部动作、脚步步伐、头部动作和脚步动作协调、带狮头练习单双腿动作、醒狮动作前后部分以及最后的完整动作技术要领,使学生逐步掌握醒狮动作的单个动作,最后学会整体动作。

（三）成果展示法

通过学校"元元"运动会和艺术节以及其他校外表演形式,提升学生醒狮技术动作的熟练程度。在醒狮表演过程中注意提升学生对所掌握技术动作的理解,培养学生的临场表现能力,从而提高整体表演的观赏性,促进学生对醒狮文化的理解。

五、课程评价

醒狮是理论学习和动作技能逐步掌握的过程,所以,在训练过程中要注意对学生的技术掌握程度进行评价,使学生明确自己能够达到的水平,鼓励学生不断完善动作以达到规范的要求,激励学生敢于、乐于上台展示。在课程完成后,进行终结性的体质量化评价和认定性评价。

学生的终结评价由四部分分数组成——理论学习（20%）、技术动作（30%）、表演展示（30%）、课程参与（20%）。具体如下:

（一）理论学习

理论学习主要通过测验进行考查。测验内容为与醒狮有关的知识和文化传承方面的知识。

（二）技术动作

从技术动作熟练程度、学生技术动作过程努力程度两方面进行考核。

1. 技术动作考核,见表3

表3　技术动作考核表

评价内容	优秀 15 分	良好 12 分	合格 9 分	不合格 6 分
醒狮套路	熟练有力有节奏	较熟练有节奏	基本完成套路	不能完成套路
醒狮表演	3 次以上	2 次	1 次	0 次

2. 过程努力程度评分,见表 4

表 4　过程努力程度评分表

努力程度	非常努力 15 分	比较努力 12 分	一般 9 分	不努力 6 分
第一次课				
第二次课				
……				
第八次课				

（三）表演展示

对在各种表演中的临场发挥动作和临场发挥状态进行打分。

1. 临场发挥动作,见表 5

表 5　临场发挥动作评价

发挥动作	优秀 15 分	良好 12 分	合格 9 分	不合格 6 分
醒狮套路	熟练有力 有节奏	较熟练有节奏	基本完成套路	不能完成套路
醒狮表演	3 次以上	2 次	1 次	0 次

2. 临场发挥状态,见表 6

表 6　临场发挥状态评价

发挥状态	精神有力 15 分	较精神有力 12 分	不够精神 9 分	精神涣散 6 分

（四）课程参与度学分评价

考核学生参与课程的出勤率,见表 7

表 7　学生参与课程得分表

总分 (100 分)	理论学习得分 (20 分)	技术动作得分 (30 分)	表演展示得分 (30 分)	课程参与度 得分(20 分)
评价方法	理论知识 考核	熟练程度(15 分) 过程努力程度 评价(15 分)	临场发挥动作 (15 分)和 状态(15 分)	学生课程 出勤率
得分				

（开发教师：张　月）

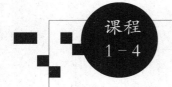

课程
1-4

网球

一、课程概述

　　网球运动是现代体育运动体系中极具影响力的运动形式。教师通过对网球知识、技能的准确传授,让学生了解运动的意义,树立现代体育意识,从而更加热爱运动。本课程以网球的基本知识、基本技术、技能为主要学习内容,通过有效实施网球运动教学,激发学生的运动热情,在不断的来回奔跑中,锻炼学生的体力、耐力与毅力,提高学生的身心素质;在双人网球运动中,指引学生形成良好的团队意识,彰显德育教育功能。

　　本课课程设计由三大版块组成,即专项基础课、专项提高课、运动训练课。每一版块拥有独立的课程设计、管理办法及课程目标。三大版块的设置旨在为不同层级的学生提供学习与发展的平台,以达到因材施教的目的。

　　"体验网球乐趣,发扬体育精神"是本课程的理念。课程适合七年级的学生,旨在让学生通过学习网球专业知识与技能,体验速度与力量的配合、跳跃与奔跑的交织、压力与汗水的转换,从中领略网球运动的魅力与趣味。同时在竞技过程中,让学生感受并发扬公平公正公开、在竞争中共赢、友谊第一比赛第二的体育精神。此理念与我校"乐育"教育内涵一脉相承。

二、课程目标

　　1. 初步了解网球的发展历史,积极参与网球学习,初步树立现代体育意识。

2. 掌握网球多项运动技术,热爱网球运动,提高运动能力,发展网球运动素养。

3. 了解网球比赛规则,参加赛事,体验网球比赛的乐趣。有良好的体育道德和合作精神,正确看待胜利与失败,处理好竞争与合作的关系。

三、课程内容

本课程的主要内容是网球发展历史、网球运动的基本技术要领,以及实战训练等。具体包括以下两个版块:

（一）历史概述和基本理论

第一部分的主要教学内容是网球的历史变迁及其在运动史上的意义,基本理论包括基本的技术要领、裁判法、双打基本战术等。

（二）实践训练

第二部分主要内容是网球的基本要领,让学生分为 2 人或 4 人小组进行单打和双打训练,练习各项基本要领。例如:网球握拍方法、垫球、拍球等基本技术练习;正手击球、下手发球练习;移动中击打墙球练习;上手发球技术练习;底线对打练习;截击球练习等。

在熟练掌握网球的技术要领以及裁判法后,组织学生进行网球竞技比赛,以赛代练,激发学生网球兴趣。

四、课程实施

本课程共两个版块,用时 36 课时。具体实施方法如下:

（一）讲授分析法

初步介绍网球发展历史,讲授网球的基本技术要领、裁判法、双打基本战术,并在讲授过程中对各项要领、裁判法和战术进行演示分析,加深学生的理解和记忆,培养学生的运动意识、战术意识。

（二）演示模仿法

教师在进行技术动作教学时，对各种技术动作进行演示，让学生进行模仿，在学生模仿过程中，对学生的动作予以指导和纠正。根据技术动作的难易度，在训练时，可将技术动作分解成几个小部分，让学生更易学习。

（三）竞技实践法

在掌握网球基本规则及裁判法后，分小组进行发球、对打、截击球等比赛训练。在比赛中训练，可以让学生熟练掌握各项要领，加深印象，同时感受网球的乐趣。

五、课程评价

网球运动是一个技能逐步掌握的过程，要通过多次的反复训练才能达到最终的结果。所以，在训练过程中务必对技术掌握程度进行评价，使学生了解自己已达到的水平，鼓励学生的动作达到规范的要求。在课程完成后，进行终结性的体质量化评价和认定性评价。

（一）技术掌握评价

击球动作：　　　优 9—10 分：　　击球动作规范、协调，姿势优美。

　　　　　　　　良 7—8 分：　　　击球动作较规范，肢体配合较协调。

　　　　　　　　及格 5—6 分：　　击球动作正确，肢体配合协调能力一般。

步法规范程度：优 9—10 分，良 7—8 分，及格 5—6 分。

击球成功次数：优 9—10 分，良 7—8 分，及格 5—6 分。

（击球成功一次 1 分，击球成功 10 次为满分 10 分）

击球质量：　　　优 9—10 分，良 7—8 分，及格 5—6 分。

（具有一定球速，且击入后场一次得 2 分，击入后场 5 次以上为满分 10 分）

（二）体质量化评价

体质量化评价见表 8

表 8　体质量化评价

姓名		性别		出生年月		
项目	初始数据	最终数据	进步	持平	退步
身高体重指数					
肺活量					
耐力(800/1 000 米)					
力量(仰卧起坐/俯卧撑)					
柔韧(坐位体前屈)					
速度(50 米)					
网球比赛(一对一)					
综合评价					

备注：6 项及以上指标取得进步为优秀；4 项及以上指标取得进步为良好；2 项及以上指标取得进步为及格。

（三）认定性评价

根据学生能力和参赛最高等级评选认定网球高手、网球达人、运动达人。

网球高手：参加省级比赛。

网球达人：参加市级比赛。

运动达人：参加区级比赛。

（开发教师：张　月、陈楚胜）

课程
1-5

无线电测向

一、课程概述

　　无线电测向运动是科技体育项目之一,类似于众所周知的捉迷藏游戏,它能够寻找发射无线电波的小型信号源(即发射机),是现代无线电通讯与传统捉迷藏游戏相结合的运动。该运动的过程大致是在旷野、山丘的丛林或近郊、公园等优美的自然环境中,事先隐藏好数部信号源,定时发出规定的电报信号。参加者手持无线电测向机,测出隐藏电台的所在方向,徒步或奔跑一定距离,迅速、准确地逐个找出这些信号源。无线电测向既不是纯科技性的室内制作,也不是在固定场地上单一奔跑,而是理论与实践、动手与动脑、室内与户外、体能与智力的结合,是在大自然的怀抱中将科技、健身、休闲、娱乐有机地融为一体的户外活动。

　　本课程理念是:从无线到无限。无线电波在广阔的空间中扩散,在寻找的过程中,一边思考,一边奔跑,身心无限放飞,思维无限拓展。从测向机中传递出来的声音,描绘出一幅似乎看得见的无线电波场,百变多样,怀抱自然。在体力和智力的融合比拼中,以更坚强、更智慧的方式面对无限变化的人生。

二、课程目标

　　1. 了解无线电及无线电测向的发展历史,包括一系列收音机、信号源、测向机的历史演变情况,掌握无线电原理和应用,感受无线电测向的乐趣。

　　2. 掌握测向机的使用方法、测向的技能,利用已学习的无线电原理,学会把握时间的节奏,养成守时的习惯,体验测向运动中探寻的魅力。

3. 学会筛选最优路线, 在户外场地中寻找隐藏的信号源, 在经历探寻、暂停、冲刺的过程中, 感受思考和判断的喜悦。

三、课程内容

无线电测向课程主要分为体能训练和技能学习两大版块。体能训练一般定在学生体锻课时间进行, 而技能学习主要包括三个部分: 无线电测向机的使用、实地训练、裁判法。

（一）体能训练

在测向过程中需要快慢结合, 既能冲刺又能慢跑。攀登跑步、快慢跑步、长跑等训练项目在每周一、周四下午体锻时间进行。攀登跑步利用足球场看台阶梯, 进行跑台阶训练, 锻炼学生的腿部抬高能力。快慢跑步在足球场跑道上开展, 进行一百米快跑五十米慢跑交替训练, 锻炼学生机动反应能力。设置长跑项目训练是因为每场测向比赛运动路程为 4—5 公里, 持续至少 40 分钟, 所以平时设置 4—5 公里的长跑项目, 既不会占用过多时间, 又可以锻炼学生的耐力和基本身体素质。

（二）技能训练

1. 机器使用

无线电测向机的使用包括 3.5 MHz、144 MHz 无线电信号的特性、无线电测向机的构造、无线电测向机的操作技巧、无线电电台发射信号的方向距离感受、无线电测向的找台技巧等。

2. 实地训练

实地训练的场地安排在校内或者校外公园, 训练的主要内容是针对各个测向比赛项目进行相应的布台, 首先, 是最基本的熟悉电台和找台技巧, 一般采用单人赛方法, 即限时单人找台, 电台则设置得比较明显, 方便学生熟练技巧。按学生的训练效果逐渐提升找台难度, 然后, 再进行针对各种赛制的适应训练。

3. 比赛规则

裁判法中的比赛判罚评分规则是学生必须要学习的部分, 另外, 比

赛的各种赛制的规定,比如,场地的选择、布台的规则、电台信号的样式
等,对比赛的预测和比赛计划的设定都有较大的参考价值。

四、课程实施

本课程教学对象为七年级学生,课前需要做好准备:学生准备好无
线电测向设备,教师准备信号台、点签等设备。训练时段分为体锻课时
间和正课时间,体锻课时间安排学生体能训练,正课时间为技能学习时
间。技能学习版块分为 3 个部分,共 36 课时。具体实施方法如下:

(一)展示讲授法

大多数学生从未接触过无线电,对无线电的历史和原理不了解。通
过展示无线电发展历史的图片、不同无线电测向机和电台的实物,伴随
简单的讲解和引导,让学生观察、对比,发现其中的不同,开展不懂先记、
思考再问、大胆猜想的活动,激发学生的好奇心,让学生先通过观察和体
验获得基本认知,而不是急于灌输理论。在此基础上根据学生提出的问
题,或者感兴趣的方面,重新编排讲授无线电历史和原理的顺序和逻辑,
更有针对性地讲解,更符合学生的认知规律。

(二)模仿感悟法

由教师演示无线电测向机的规范使用方法以及各种操作对使用效
果的影响,着重讲解使用的细节。再次演示时让学生进行动作模仿学
习,在学习使用测向机时,一对一进行指导和纠正,使学生动作标准,打
好基础,提高后续学习效率,同时,感受无线电测向机在操作过程中的声
音反应,感受动作规范的好处,加深印象,形成习惯。

(三)实地训练法

实地训练时在测定方向、分辨音量等方面逐步增加训练难度、增加
挑战性。例如:在校园内或者校外公园,将电台藏于不同的位置,从比较
容易找的位置逐步过渡到较难找的位置,让学生在训练中由易到难,逐
步积累经验。

（四）竞技交流法

每次训练的时候,都运用计时系统,统计学生的跑动时间和找到台数,通过排序用时和台数,了解学生的训练效果,学生之间也形成良性竞争,增强信心,发现自己的弱项。同时,积极参加市级、省级、国家级的无线电测向比赛,走出学校,与校外高手过招,以赛代练,发现不足,增强自信。

五、课程评价

本课程根据学生每次训练和比赛的数据进行评价。记录每次训练数据可以观察到学生在过程中的学习效果及变化,形成过程性评价,起到及时反馈、及时调整的作用。竞赛是对学生的训练成果的检验,通过比赛成绩,形成终结性评价。

（一）体能测试评价

平时体能训练时进行考勤以及跑步圈数记录,每跑一公里登记 10 秒脉搏;在期末进行 1 000 米跑步测试。平时跑步圈数完成情况按满值比例计算出分值,最终体能成绩为平时成绩（70％）与期末体能测试（30％）之和。

（二）竞技比赛评价

按照无线电测向竞技赛成绩评定方法,以找到台数数量为第一标准,用时长短为第二标准,进行成绩排序,根据精准的数据排出名次。

（开发教师：林墨柳、凌劲桦、肖　婷）

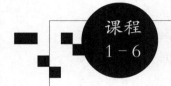

课程
1-6

成长的守护神

一、课程概述

宪法是我国的根本大法，具有最高的法律效力，在社会主义法律体系中处于核心的地位。一切法律都是依据宪法制定的，一切法律、行政法规、地方性法规都不得同宪法相抵触，宪法是一切法律的母法。宪法还是公民的最高行为准则，它规定了公民的基本权利和义务，宪法序言明确规定："全国各族人民、一切国家机关和武装力量、各政党和各社会团体、各企业事业组织，都必须以宪法为根本的活动准则，并且负有维护宪法尊严、保证宪法实施的职责。"

2014年11月1日，第十二届全国人民代表大会常务委员会第十一次会议通过设立国家宪法日的决定，把每年的12月4日设为国家宪法日。建立宪法宣誓制度。设立"国家宪法日"有着深刻的意义，传递的是依宪治国、依宪执政的理念。它不仅是增加一个纪念日，更要使这一天成为全民的宪法"教育日、普及日、深化日"，在全社会普遍开展宪法教育，弘扬宪法精神，形成举国上下尊重宪法、宪法至上、用宪法维护人民权益的社会氛围。

本课程是人教版九年级道德与法治课程第三单元第六课的拓展课程，教学对象是九年级学生。课程理念是：学法懂法守法用法，守护自己健康成长。通过学习我国宪法的发展历史、阅读我国现行宪法的条文内容，参与宪法宣传活动等内容的课程，让学生加深对宪法的了解，知道宪法是与国家管理、公民生活密切相关的法律，即国家和公民的守护神，从而树立宪法意识，自觉维护宪法的尊严，增强学法、知法、懂法、守法的自觉性，更好地行使权利，履行义务，守护自己健康成长。

二、课程目标

1. 初步了解我国宪法的发展历史,学会阅读和理解宪法的条文内容,感受到宪法就在我们身边,宪法与我们的生活有着密切的联系。

2. 掌握宪法中与日常生活较为密切的内容,养成在日常生活中遵守宪法的习惯,树立宪法意识,自觉维护宪法尊严,感受宪法对于成长的重要性。

3. 了解更多的宪法知识,参与普及和宣传宪法常识的活动,体验宪法在活动中的应用,增强宪法意识,学会运用法律保护自己,做学法、知法、懂法、守法的中学生。

三、课程内容

本课程主要包括宪法知识、宪法调查、宪法宣传三个版块:

（一）宪法知识

主要内容是我国宪法发展的历史、新中国建立以来的四部宪法、现行宪法的条文内容讲解,以及结合宪法法律条文中的中小学生守则和日常行为规范,突出宪法与学习、生活的密切联系,强化学生规则意识、公共意识、国家意识。

（二）宪法调查

在教师的指导下,小组分工合作,编制调查问卷,调查人们对宪法的了解。具体内容为制定关于"中学生对宪法知多少"的调查问卷,掌握编制调查问卷的方法和技巧;利用课余时间对校园里的同学进行问卷调查;统计收集到的调查数据,进行整理分析,得出调查结果,为下一步宪法宣传做好准备。

（三）宪法宣传

根据各自调查结果的反馈,以小组为单位,制作宣传宪法知识的手抄报,张贴在各班课室外的学习园地,并挑选优秀作品在校园宣传栏进行展示,从而在校园里开展宪法教育,宣传宪法精神。

四、课程实施

本课程的内容设置为 3 课时。具体实施方法如下:

（一）研讨分享法

利用 PPT、学案等资料进行研讨分享,将讲授理论法和分享讨论法相结合。例如,第一篇章是宪法的历史和内容,教师讲授宪法的历史和条文内容;学生结合宪法的法律条文以及中小学生守则和日常行为规范,展开突出宪法与学习、生活的密切联系的讨论。

（二）合作调查法

将学生划分为若干小组,选定小组长,进行小组合作调查。例如,第二篇章是进行宪法调查,在教师的指引下,编制调查问卷;学生利用编制的问卷,课余时间在校园里面进行问卷调查和访谈等;利用 Excel 等电脑软件处理收集的数据并进行分析,完成合作调查。

（三）宣传展示法

根据数据处理和分析的结果制作 PPT,采用讨论分享、成果展示的方法。例如,在第三篇章进行的宪法宣传活动中,让学生分享自己小组的调查成果,根据分享讨论的成果制作宣传宪法知识的海报,张贴在校园宣传栏。

五、课程评价

本课程的评价方式主要有点赞式评价和展示性评价。评价包括以下三个方面:一是学习过程中的表达交流情况,如课堂上大胆表明自己观点、自信展现自我等;二是课程活动中的参与程度,如是否能按照学习任务单的要求进行阅读、讨论等;三是团队活动中合作分享的积极性,如在团队活动中能否积极参与、服从分工、主动助人,在讨论中能否虚心听取他人的意见等。具体做法如下:

（一）点赞式评价

参与课程实践的评价（自评）：积极参与，认真阅读，收集资料，你能获得几个赞？参与课堂讨论、课堂发言的评价（师评）：积极参与谈论，大胆展现自己的观点，你能获得几个赞？

（二）展示性评价

参与海报制作的展示，将收集的资料创作成手绘海报，并进行展示。海报内容的选取、排版、配图的思想都为评价点。

（开发教师：邱倩婷）

第二章

Observation：人文观察之家课程

人文历史悠久，且富有生命力，千百年来，它始终没有淡出公众的视野。无数有理想有抱负的青年学生通过观察来感受传统文化、美学艺术，培养人文情怀。人文观察之家课程在新的时代语境中，传承传统，广博艺术，陶冶情操，智慧生活。

"这个世界不缺少美,而是缺少发现美的眼睛",Observation 人文观察之家课程为孩子开启一扇观察大千世界的窗口,让他们在美妙的乐声中,获取鲜活而丰富的生活感悟,在观察中找到自我的财富和乐趣。观是所见、所闻,察是评论、研究,是有目的、有计划的知觉活动,是知觉的一种高级形式。观察不止是视觉过程,还是以视觉为主,融其他感觉为一体的综合感知过程,包含着积极的思维活动。人文观察之家课程突出有目的、有计划的感知,让学生将知识智慧地应用于生活中,发现生活的美。

人文观察之家课程内涵丰富,一是传承传统,去伪存真,弘扬优秀传统文化;二是广博艺术,加深学生对不同艺术形式的理解;三是陶冶情操,提升学生生活品位。课程包括"茶文化"、"历史博思课堂"、"爱生活"、"最美和声"、"影视欣赏"等,涵盖了文学、历史、生物、音乐等多个领域,让学生全方位、多角度地去理解人文的深层意蕴和真谛,培养良好的艺术鉴赏能力和品位。文学相关课程除了中学语文等传统的人文课程以外,还有文学欣赏类课程,如文学欣赏导引、文学文本解读、中外文学欣赏、中外电影欣赏等。

为做好特色建设工作,学校充分挖掘教材中丰富的人文教育资源,打造出以常规课程为基础的人文教育课程。一方面,加强校本培训,强化教师人文教育意识,引导教师用好、用活教材中的人文素养资源;另一方面,积极推进高效课堂实验,对学生进行潜移默化的人文教育。人文课堂教学以"学"为中心,以"预习—交流—展示—点拨—检测"为课堂教学基本流程,以小组为学习、评价的基本单位,以培养自主、合作、探究能力为抓手,以提高课堂效率为目的。在这个过程中,学生获得了持久而生动的人文教育,培养了自觉、自律、自信、合作、宽容等良好的品质,实现了人文教育的春风化雨、润物无声。

在人文观察课程之中,既贯穿、整合校内外资源、活动,丰盈学生心灵;又以培养人文素质为主线,分年级、有重点地逐一落实,循序渐进,让学生在三年中接受系统的人文素养教育,不留盲区;还充分挖掘校内外教育资源,采取社团活动、辩论赛、话剧、社会调查、学生论坛和研学等新鲜活泼的形式,化大为小,化虚为实,精心实施课程的每一个专题。老师当导演,学生做主角,激活学生的参与意识,使学生获得深刻的情感体验,以获得理想的教育效果。

坚持开展苏元特色综合实践活动,让阅读延伸。为了系统地巩固并呈现阅读的丰硕成果,成功开发了苏元特色综合实践活动及综合实践课程。该课程的意义和目标在于弘扬传统文化,培养学生高尚的人文情怀,实现人文素养与语文素养的协调发展,为学校特色建设提供又一强有力的支撑。该课程与教育教学活动有机融合,是语文"阅读行动"的有效延伸,减轻了学生负担。"实践活动"以传统节日为主线,以语文组为实施主体,以语文主题实践活动为抓手,以全面投入、分级实施、自主参与为主要形式,以等级评价、学分认定等为评价手段。内容具体明确,主体责任清晰,评价手段简便,克服了实践活动的碎片化、随意性、难操作等弊端,体现了课程的灵活性,提供了丰富的选择性,尊重了个体的差异性,兼顾了年级的特殊性,突出了评价的多元性。

选修讲座全开放,用活优质教育资源。为了增强人文教育的针对性,引导学生主动汲取所喜或所缺的人文养料,发挥教师个人的专业或兴趣特长,促进教师专业发展,用活学校的优质教育资源,每学期初都向全校老师提供参与讲座的机会,主题鲜明,营养丰富,深受欢迎。

人文观察之家课程是一次品格与精神的修行之旅,将影响学生一辈子的行为与气度。此课程既关注艺术具体的表现形式和学生的掌握程度,也重视艺术和传统文化带来的行为指导、思想启蒙。人文观察之家课程,既满足学生的个性发展和兴趣爱好,也将使学生认识到对传统文化的认识、传承、创新的社会责任。

(撰稿者:许慧玲)

課程
2-1

茶文化

一、课程概述

　　茶,是开门七件事的其中一项,是人们日常生活的必需品。中国是茶的故乡,是茶文化的发源地。中国茶,走向了世界,在各国生根发芽,渐渐成为世界上三大无酒精饮料之一。在五千年的历史长河里,中国孕育出的种种文化很多已经消亡,但时至今日,茶文化依然生生不息,不断地发展延续着。

　　本课程适合七年级和八年级学生,课程理念是:茶知文化,茶行天下,茶悟人生。本课程让学生从不同的角度了解中国的文化知识,并通过学习茶文化历史的发展以及文化精髓提升学生的个人文化修养与艺术欣赏水平。同时,初中学生都有一颗活泼却又躁动的心,开设茶文化课程,可以让学生静心品茶,享受"慢"的过程,感受茶文化带来的心灵沉淀。

二、课程目标

　　1. 了解茶的分类、成分、功效等基础知识,学会从多个角度分析事物;

　　2. 掌握泡茶的方法,培养细腻、沉着的品格;

　　3. 理解茶的文化,讲述茶的故事,感受中国传统文化的博大精深。

三、课程内容

茶文化课程从"知、行、悟"三方面着手,将"茶文化"呈现在学生面前。具体内容如下:

（一）知

主要将茶的起源、茶文化的形成过程作为课程的切入点,寻找历史文献中关于茶事、茶史的记载,如从唐代陆羽所著的《茶经》了解人类如何发现茶树并对其利用,到现在对各类茶的品种的发展过程,引发学生对茶文化的兴趣。再向学生介绍茶的分类、分布、制作过程与功效,让学生了解茶的基本知识。

（二）行

主要让学生通过观察不同种类的茶的特点,分辨茶叶的种类和品种,同时通过亲自泡茶,感受泡茶的过程,品味不同种类茶的色香味。走进茶艺,了解与茶艺有关的六要素:人、茶、水、器、境、艺。

（三）悟

通过让学生对茶文化的"知"、"行",感悟茶文化的精髓,获得人生的启迪。例如:茶具有融合的天性,能与奶、药、花等融合在一起饮用,体现自然与自然的融合,生命与生命的融合。又如,茶农在种植和制作茶叶的过程中一丝不苟的精神,也值得学习,这也是一种文化的传承。人与人通过茶形成了沟通的桥梁,我省潮汕地区人民每天品尝功夫茶已成为日常生活中的一部分,他们通过品茶,与家人相处、与客人谈天说地,沟通感情,互通有无。

四、课程实施

本课程内容共3个篇章,用时32课时,具体安排如下:篇章一《知》,用时16课时。篇章二《行》,用时10课时。篇章三《悟》,用时6课时。

在本课程实施过程中,学生实践体验与教师的点拨指导相结合。教师的指导贯穿于整个课程,学生是课程的主体,最大限度地发挥学生的主观能动性;科学性与趣味性相结合,在教学活动中,针对学生的年龄及心理特点,以形象、具体、生动、活泼的形式展开活动,努力设计富有趣味性的教学方式,让学生学有所得、学有所乐。本课程具体实施方法如下:

(一)知识讲授法

教师讲授与本课程相关的茶叶的起源、历史发展、茶品的选择、茶叶的分类、茶叶的产区分布等基本知识。

(二)资料分享法

以小组为单位布置任务,让学生自主查找有关茶叶的成分、茶叶的功效、茶文化的故事等资料,并在课堂上进行分享。

(三)视频观赏法

通过观看视频,观赏不同茶具的风格和制作特点;观看茶艺表演和各国饮茶习惯和风俗,领略各国茶文化的特点。

(四)实践对比法

分组泡饮同一品种的茶叶,对茶汤的色香味进行对比;练习用不同的茶具泡饮茶叶,熟悉不同茶具的泡饮方法。

五、课程评价

在评价思想上,注重以生为本,多元评价和过程性评价相结合。本课程在评价方式上,做到平时表现评价和期末评价有机结合。平时表现评价占 70%,期末评价占 30%,两者相加作为最后的综合性评价。具体如下:

(一)平时表现

以课前准备表现、课堂参与表现和课后作业表现为评价基础,同学互评和指导老师的评价相结合进行评价。同学互评占 20 分、老师评价占 50 分,总分共 70 分,评价表见表 1。

表 1　平时表现评价

评价项目	内容	同学互评	满分	教师评价	满分
课前准备	材料收集		2		7
	小组合作分工		3		7
课堂参与	出勤率		4		8
	课堂表现		3		7
	小组合作展示		3		7
课后作业	作业完成度		2		7
	小组合作分享		3		7
	得分		20		50

（二）期末评价

期末学员演示泡茶过程，由导师考核学员的泡茶手法、礼仪，并品尝茶汤，根据表 2"茶文化课程考核评分标准"，给每位同学打分，满分为 100 分，折合 30％的分数计入总分。

表 2　茶文化课程考核评分标准

序号	项目	要求和评分标准	扣分标准	配分	扣分	得分
1	礼仪仪表仪容（20分）	发型、服饰与茶艺表演类型相协调。	（1）发型散乱，扣 0.5 分 （2）服饰穿着不端正，扣 0.5 分 （3）发型、服饰与茶艺表演类型不相协调，扣 1 分	5		
		形象自然、得体、高雅，表演中用语得当，表情自然，具有亲和力。	（1）视线不集中，表情平淡，扣 0.5 分 （2）目低视，表情不自如，扣 0.5 分 （3）说话举止略显惊慌，扣 1 分 （4）不注重礼貌用语，扣 1 分	5		
		动作、手势、站立姿势端正大方。	（1）站姿不正、走姿摇摆，扣 1 分 （2）坐姿不正，双腿张开，扣 3 分 （3）手势中有明显多余动作，扣 1 分	10		

序号	项目	要求和评分标准	扣分标准	配分	扣分	得分
2	茶席布置（10分）	茶具之间功能协调，质地、形状、色彩调和。	（1）茶具配套不齐全，或有多余的茶具，扣3分 （2）茶具色彩不够协调，扣1分 （3）茶具之间质地、形状大小不一致，扣2分	5		
		茶具布置与排列有序、合理。	（1）茶席布置不协调，扣1分 （2）茶具配套齐全，茶具、茶席相协调，但欠艺术感，扣0.5分	5		
3	茶艺表演（40分）	根据主题配置音乐，具有较强艺术感染力。	（1）音乐与主题不协调，扣1分 （2）音乐与主题基本一致，但稍欠艺术感染力，扣0.5分	5		
		冲泡程序契合茶理，投茶量适宜，水温、冲水量及时间把握合理。	（1）冲泡程序不符合茶理，顺序混乱，扣2分 （2）未能正确选择所需茶叶、配料，扣1分 （3）选择水温与茶叶不相符合，过高或过低，扣1分 （4）冲水量过多或太少，扣1分 （5）各杯中茶水有明显差距，扣1分	10		
		操作动作适度，手法连贯、轻柔，顺畅，过程完整。	（1）未能连续完成，中断或出错三次以上，扣2分 （2）能基本顺利完成，中断或出错两次以下，扣1分 （3）表演技艺平淡，缺乏表情及艺术品位，扣1分 （4）表演尚显艺术感，但艺术品味平淡，扣1分	15		
		奉茶姿态、姿势自然，言辞恰当。	（1）奉茶姿态不端正，扣1分 （2）奉茶次序混乱，扣1分 （3）脚步混乱，扣1分 （4）不注重礼貌用语，扣1分 （5）收回茶具次序混乱，扣1分	5		
		收具	（1）收具顺序混乱，茶具摆放不合理，扣1分 （2）离开表演台时，走姿不端正，扣1分	5		

序号	项目	要求和评分标准	扣分标准	配分	扣分	得分
4	茶汤质量（25分）	茶色、香、味、形表达充分。	（1）未能表达出茶色、香、味形，扣3分 （2）能表达出茶色、香、味形其一者，扣2分 （3）能表达出茶色、香、味形其二者，扣1分	15		
		奉客茶汤应温度适宜。	（1）茶汤温度过高或过低，扣2分 （2）茶汤温度与较适宜饮用温度相差不大，扣1分	5		
		茶汤适量	（1）茶量过多，溢出茶杯杯沿，扣1分 （2）茶量偏少，扣0.5分	5		
5	时间（5分）	在15分钟内完成茶艺表演，超时扣分。	（1）表演超过规定时间1—3分钟，扣1分 （2）表演超过规定时间3—5分钟，扣2分 （3）表演超过规定时间5—10分钟，扣3分 （4）表演超过规定时间10分钟，扣5分	5		
	合计					

（开发教师：周丽霞、李纪蓉、林玉琼、陈诗韵）

课程
2-2

爱生活

一、课程概述

热爱生活就是对生活充满希望,能够用积极的心态调节负面情绪,做到直面困难,勇于挑战,做事高度专注、灵活,懂得自我调适,学会感恩。这些都是帮助人们实现健康、幸福、快乐的重要"技能"。习得这些"技能"对于 5 天在学校,2 天在家的寄宿制初中学生尤为重要。

本课程强调以学生的个人经验、社会生活、社会需要、社会问题为核心,以主题的形式对课程资源进行整合,有效地培养和发展学生解决问题的能力、探究精神和综合实践能力。不论是社会生活、社会需要还是社会问题,都离不开学生的日常生活。因此,本课程以日常生活为依托,把日常生活技能与知识的掌握作为教学的方向,把生活能力的提高作为教学的目标。

老师应在尊重学生的特长、兴趣、爱好和需要的基础上,结合自身专业和兴趣特长,结合生物学科的特点以及广州黄埔区的本土特色,联系本校实际,设计系列活动。本课程适合七年级和八年级的学生,课程的理念是:热爱生活,品味人生。课程旨在为学生提供一个学习持续幸福"技能"的平台,培养学生爱生活、亲家庭的意识,提高学生的综合能力,充分发挥学生在活动过程中的主动性和积极性,提高学生的创新思维。

二、课程目标

1. 初步了解食品营养知识、烹饪技巧以及特色食品的制作流程,体验种植劳动的快乐,提升生活的品位。

2. 了解探究活动的一般步骤,掌握撰写科技小论文的基础知识,提高观察能力、逻辑思维能力和创新能力。

三、课程内容

本课程分为"美食家"成就篇和"探究家"成长篇两部分,具体如下:

（一）"美食家"成就篇

主要内容包括食品营养、烹饪技巧、蔬菜种植、传统节日故事及意义、各地著名小吃制作等。在讲解完相应知识后,组织学生包饺子,做馒头,品汤圆,种植蔬菜。学生通过体验丰富的实践活动,不断提升生活能力和自理能力,促进人际交往能力,改善与父母的关系。

（二）"探究家"成长篇

主要内容是企业参观、鲜花鉴赏、社区采访、科技小论文撰写等。如到黄埔区的湿地公园进行参观调查,了解湿地生态系统的作用。对萝岗社区的垃圾分类现状进行调查,并提出优化的方案。在制作发酵食品的时候,学生会到珠江啤酒博物馆和益力多企业参观,与相关工作人员交流,获得发酵食品制作的注意事项和工艺发展现状。此版块旨在提升学生的观察能力和逻辑思维能力,提高科学素养,激发创新思维。

四、课程实施

本课程共84课时,上半学期42课时,下半学期42课时。

本课程强调以学生的经验、社会需要和问题为核心内容开展实施,强调利用信息技术等手段主动解决,目的是有效地培养学生解决问题的能力和综合实践能力,转变学生的学习方式,使学生由被动接受性学习转向积极探究式的发现学习。课程主要通过五种教学方法开展实施,具体如下:

（一）资料查阅法

学生在教师的指导下进行相关资料的查阅。教师通常提早一周预告下周内容,提示学生从该食品的历史渊源、制作方法、营养与健康等方面进行了解。同学们利用周末与家长交流获取相关信息,利用多媒体和书籍查找相关资料,了解有关内容。

（二）讲授演示法

学生在课堂上以自主学习的方式学习教师展示的课件与方法,进一步梳理制作流程,通过实物投影、实物展示、照片视频等多种方式观摩教师的规范操作。学生分小组进行学习,从简单基础的方法入手,从理论上了解本课程的必备技能。

（三）练习巩固法

本课程注重学生动手实践能力的培养,不仅练习的时间充分,而且每个人都有足够的机会参与到每项活动中,并且强调由学生自己动手操作,教师在旁指导。

（四）参观访谈法

在“探究家”成长篇中,教师将组织学生到多个地点进行参观学习,并对相关工作人员进行访谈,为探究活动提供理论依据和有力可靠的数据或实验方法。

（五）归纳创新法

学生熟练技法之后,教师引导学生归纳课程内容的要点,鼓励学生创新。比如,在制作五彩馒头时,除了制作不同颜色的馒头,还可以引导学生制作出南瓜、玉米、玫瑰花等不同形状的馒头。学生在动手实践中发挥想象,享受创新的乐趣。

在本课程实施过程中要注意以下三点:一是强调安全,如用火用电安全,刀具使用安全,外出参观的交通安全等。二是强调准备。课前5分钟,提醒学生记录下一课程的安排,做好准备。活动前与负责人沟通好,灵活应对各种变化。三是强调合作。每次活动都以小组为单位集体行动,有固定的组长及组员,明确分工,定时上交小组活动记录本(包括课堂笔记、小组作业或成果展示、小组成员心得体会等)。

五、课程评价

课程注重过程性评价、激励性评价和个性特色评价。具体如下:

（一）评选“成长记录小能手”

根据学生参与课前资料收集和材料整理的积极度、完整度,以及教材上“美食家成长日记”的完成情况、课程作业展示与分享的表现等,评选出 5 个"成长记录小能手"。

（二）评选"最佳示范小能手"

根据学生在课程活动中的参与度、合作度、服从度，操作规范和标准程度，以及协助教师对每组同学进行示范的频率，评选出 5 个"最佳示范小能手"。

（三）评选"超高人气美食家"

根据学生在期中和期末考核的表现，以及小组自评、小组互评、老师评价、家长评价的等级，选出超高人气的色香味俱全烹饪作品，评选出 5 个"超高人气美食家"。

（四）评选"资深评论家"

根据学生在教材上"美食评论社"栏目中的书写，选出独特的评论和创新的观点，评选出 5 个"资深评论家"。

（五）评选"最具魅力探究家"

根据学生在课题研究中的探究力和创新力，实验过程中的严谨度和实验设计的科学性，评选出 5 个"最具魅力探究家"，见表 3。

表 3 "爱生活"课程评价表

学生姓名： 班级： 评价人： 评价时间：

评价项目	学生自评	小组内评价	小组间评价	家长评价	老师评价	合计收获☆级
成长记录小能手						
最佳示范能手						
超高人气美食家						
资深评论家						
最具魅力探究家						
本课程获奖情况						

注：根据学生的表现给出三星级、两星级及一星级的等级评价，收集最多星星的学生即成为该项评选的获奖者。具体评价标准如下：

三星：表现出色，能够积极完成该项任务，成果具有创新性，极具课程特色。两星：表现尚好，能够完成该项任务，并有完整的成果汇报，具有课程特色。一星：表现一般，没能完成该项任务，成果有待完善，需要增加课程特色。

（开发教师：骆慧超 崔爱雯）

课程
2-3

影视欣赏

一、课程概述

电影被意大利诗人和电影先驱李乔托·卡努多称为文学、绘画、音乐、舞蹈、雕塑、建筑之后的第七类艺术。这是一门视听结合的现代艺术,它可以同时容纳文学、绘画、音乐、摄影、戏剧等多种艺术形式,具有比以往任何一种艺术形式更丰富的内容。但它又不仅仅是其他各种艺术的结合体。通过蒙太奇(法语:Montage)这一电影组接技巧,电影超越了其他艺术的局限,拥有了与众不同的表现手段。而且,随着信息技术的发展,影片可以大量地、迅捷地复制、放映和传播。因此,虽然电影诞生的时间最晚,但是发展速度飞快,现在已经深入人心,成为人们生活中不可或缺的一部分。

在当今社会,看电影已经是很多学生生活中必不可少的娱乐活动。然而,电影艺术对大多数学生来说还是一个"熟悉的陌生人"。一般来说,电影的直观性较强,人们不需要太多的思考揣摩便能了解它的表层思想内容,获得直接而肤浅的审美感觉。但是,要真正把握每部影片的深层意蕴和艺术真谛,培养良好的影视艺术鉴赏能力和品位,仍然需要学习。

和文学、戏剧相似,电影取材广泛,可取材于现实社会生活,也可以取材于神话、传说,能够比较广泛而深刻地展现一些主客观现象。通过观影,学生可以接触到广阔的世界和各种各样的观念,从而产生对世界、社会和自我的思考。然而,正是因为电影取材广泛、思想复杂,有些作品的质量并不太高,传达的世界观、价值观也有待商榷;还有一些影片,内容和思想比较复杂,需要达到一定年龄、有了一定辨别能力的观众才能观看,再加上初中学段的学生正处于认识世界、认识自我的转折期,正是需要积极引导的重要阶段,因此开设面向初中生的电影课程,对所选影片的内容和表现形式都要有所要求。内容上,故事要精彩,能够传达真善美的思想;表现形式上,要具有审美性,能够提高学生的审美能力。

除了赏析电影,本课程也注重培养学生的创作能力。在前期讲授有关电影艺术的知识以及电影艺术鉴赏的相关理论之后,将指导学生进行简单的分镜头创作。我们希望学生能在实践中运用所学的理论知识,积极地表达自己的想法和感悟,大胆地发挥自己的想象力和创造力,最终使自身的思维能力受到锻炼,审美能力获得提高。

本课程适合七年级和八年级的学生。课程的理念是:注重实践,陶冶情操。影视素养内涵十分丰富,其特点是综合性和实践性。影视作为一门综合性学科,以审美能力为核心,是影视知识、审美情趣、创作能力的融合。因而,本课程除了培养学生的审美能力,还着眼于增强学生的实践能力。采取多种多样的形式,给学生创造尽可能多的实践机会。

二、课程目标

1. 初步了解电影的发展史和相关理论知识,学会欣赏电影的基本方法和要领,喜欢欣赏影视作品。

2. 了解一些重要的电影流派、导演及经典作品,提高鉴赏能力和艺术品位,能够写出具有一定专业性的影评,学习简单的电影创作,提升创造力和思维能力,成为真正的电影爱好者。

三、课程内容

本课程遵循从理论到实践、循序渐进的模式,将课程内容分为四个部分:即电影基础知识介绍、电影欣赏、影评写作和电影创作。共 4 个篇章,用时 20 课时。具体安排如下:

(一)电影基础(4 课时)

这个部分主要通过讲授的方式,向学生介绍电影的概念、类别、发展历史、重要流派,并展示一些重要的导演及经典作品,以增进学生对电影的认识,初步培养学生对于电影的兴趣。

（二）电影欣赏（10 课时）

课程重点赏析《阿甘正传》《寻找幸福的起点》《木偶奇遇记》《海底两万里》《玩具总动员》《当幸福来敲门》《花木兰》《疯狂原始人》《放牛班的春天》《千与千寻》十部作品,通过观影、讲授与讨论相结合的方式,引导学生学会鉴赏电影的一般角度和基本知识,鼓励学生对电影做出自己的解读,提高他们对电影作品的欣赏能力。通过领略电影艺术的魅力,增进学生对电影的认识,使学生学会感悟作品内涵,增加电影文化的知识积累,增强文化底蕴。培养学生对艺术形象及影视语言的鉴赏能力。

（三）影评写作（2 课时）

这个部分与第二部分交叉进行,教师一边带领学生了解鉴赏电影的基本知识,一边做有针对性的影评写作训练。教师选取经典影评进行解读,通过欣赏中外优秀电影作品,教授学生鉴赏电影的基本方法和要领。由学生自主选择一部电影,从情节、人物、色彩、剪辑、配乐等角度对作品的思想内容或艺术形象进行赏析,最终能够写出具有一定专业性的影评。

（四）电影创作（4 课时）

这个部分需要成立小组,学生在教师的指导下分组进行剧本创作。其后教师选出有可行性的剧本,并分组进行电影创作,接着在教师的指导下进行电影拍摄,让孩子们协作完成电影编剧和分镜头创作,有机会和条件的学生还可以在教师指导下完成短片的拍摄,并由教师进行后期制作（考虑到器材问题）。最后是学生在课堂上向教师及全班同学展示自己的作品,增强学生合作交流的能力。

四、课程实施

本课程的具体实施方法包括视频展示法、讨论探究法和写作创作实践法等,具体操作方法如下:

（一）视频展示法

课程的相关展示注重将学生的实践体验与教师的点拨指导相结合。教学活动中，教师的主要任务是给予指导和帮助，教师的作用贯穿于整个活动过程。如：播放相关影片及介绍背景资料、导演信息等，观影结束后分享优秀的学生影评或视频成果等。在活动中应给予学生较大的自主权，最大限度地发挥学生自己的主观能动性。

（二）讨论探究法

讨论法是学生在教师的指导下为解决某个问题而进行探讨、辨明是非真伪以获取知识的方法。其优点在于能更好地发挥学生的主动性、积极性，有利于培养学生独立思维能力、口头表达能力，促进学生灵活地运用知识。讨论法的基本要求是：讨论的问题要有吸引力、要善于启发引导学生、讨论结束时要进行小结。通过让学生观看影片，互相分享感受，在分享中互相学习。

（三）写作创作实践法

影视欣赏课程教学坚持科学性与趣味性相结合。在教学活动实施过程中，要针对学生年龄及心理特点，以形象、具体、生动、活泼的形式开展活动，努力设计富有趣味性的教学方式，让学生学有所得、学有所乐，使他们在愉快的氛围中增长知识与才干。

五、课程评价

（一）评价原则

在评价思想上，注重评价以学生为主体，注重过程性评价，坚持激励性评价，关注个性特色评价。评价的依据主要参考四个方面。首先，课前准备中能够按照教师要求进行信息搜集及其他准备工作。其次，学习过程中的表达交流。具体包括收集与整理课前资料、大胆表明自己观点、自信展现自己等。再次，课程活动中的参与效果。具体包括按照学习任务单中的要求进行赏析、练习等。最后，团队活动中的合作分享。具体包括在团队活动中积极参与，在讨论中能虚心听取他人的意见，能服从分配。

（二）评价方式

本课程在评价方式上，要求做到形成性评价与终结性评价相结合，按照课程的进度分阶段设立奖项如下：

1. 最佳影评奖"苏元金话筒"

在配音环节表现最优异的同学将获得"苏元金话筒"奖。

2. 最佳导演奖"苏元小金人"

本课程根据学生拍摄的短片评出最佳导演一名，授予"苏元小金人"奖。

3. 最佳剧本奖"苏元金笔杆"

此奖项颁发给最佳剧本的作者。

（开发教师：王冰洁、梁　梁）

诗地

一、课程概述

本课程以古诗词阅读鉴赏知识为基础,从学生常用的时间要素分析法入手,引导学生对地理空间要素比较明显的古诗词的地域性进行分析。通过使用文学地理学的研究方法,帮助学生结合时间和空间两个维度来理解作品,更丰富立体、更深度地解读古诗词,从而对中国传统文化有新的兴奋点和新的阅读体验,进而更好地接受传统文化、理解传统文化。

本课程旨在引导学生在分析古诗词时形成时空结合的思维模式,补充和丰富已有的古诗词学习方法,帮助学生梳理文学作品与地理空间之间的关系,多角度地分析古诗词,培养全面分析古诗词的能力,获得与以往不同的阅读体验。

本课程适合七年级学生,其理念是:发现不同的古诗词鉴赏方法,体验多角度分析古诗词的精彩。古诗词教学作为语文学科的重要组成部分,在博识课程的设计中,应该从平时的基础知识入手,并且提供更多元的鉴赏方法和角度,以引导学生学会全面理解古诗词作品,学会多角度分析问题。

二、课程目标

1. 初步了解文学地理学,接触空间分析法的实用案例,对文学地理学产生学习兴趣。

2. 广泛阅读古诗词,在教师的引导下能使用空间分析法研究一组课外的古代诗歌,深入了解中国传统文化。

3. 清楚研究报告的写作要求,掌握撰写研究报告的要领,能够小组合作完成一份研究报告,对古诗词的理解和鉴赏可以从感性层面上升到理性层面、感性与理性相结合。

三、课程内容

本课程主要是以古诗中的地理环境为主题,课程内容可以分为三个版块:

（一）文学地理学

主要内容是初步了解《诗地》课程的学习内容和学习目标。了解文学地理学的研究对象,初步认识文学地理学,形成一定的诗歌研究思路,打破固化的思维模式,优化现有的学习思路。

（二）文学地理学研究方法

文学地理学研究方法包括系地法、现地研究法、空间分析法、区域分异法、区域比较法、地理意象研究法。在众多的文学地理学研究方法中,学生相对容易掌握的是空间分析法,故此课程将重点介绍空间分析法。并且,通过区分它与平时常用的"时间分析法"的差别,形成"时间分析法"与"空间分析法"相辅相成的学习思路。最终通过学习,小组能够使用此方法,合作分析一首已学过的古代诗歌。

（三）文学地理学知识运用

将前段课程学到的研究方法尝试性地运用到课外古诗的学习中,并且通过小组合作的形式形成研究小论文,进行成果汇报。

四、课程实施

本课程分为三大部分,实行走班制,一组学生/4 周,10 名学生/组,4次课 8 课时/门,共 16 次课/学年。本课程实施之前应该对课程各部分都有所准备:编制好课程配套的校本教材,制作相应的多媒体课件,提前一周准备上课所需的材料。课程实施的具体方法如下:

（一）知识讲授法

由授课教师向学生初步介绍文学地理学的基础知识,并通过与学生的互动,联系平时学习的诗歌、小说等文学作品,理解文学地理学与文学作品的关系,深入浅出地帮助学生理解文学地理学基础知识。

（二）讨论探究法

在了解文学地理学的基础知识后,学生将组成学习小组,利用上一课时所学习的内容,对已学过的古诗词进行文学地理学研究,合作讨论分析诗歌中的地理因素,从空间要素中理解诗歌。

（三）合作练习法

通过上两课时的学习与合作讨论,学生已经对文学地理学知识有了一定的了解与运用能力,因此教师将就学生所感兴趣的诗人或课外诗歌作品与学生进行分析练习,以帮助学生学以致用。

在课程结束后,教师要收集较好的研究成果集结成册,共享各学习小组的研究成果,同时也要继续优化自己小组的研究成果。在平时的学习中,争取能够继续使用文学地理学的研究方法,对文学作品进行更加立体而丰富的分析和研究。

五、课程评价

（一）评价思想

在评价思想上,注重以生为本、多元评价;坚持激励性评价、过程性评价;关注个性评价、特色评价。本课程在评价方式上,要求做到形成性评价和终结性评价有机结合,自评、生评和师评合理结合。具体评价方式如下:

评价主要从以下三方面进行:

1. 课前的准备:能否在课前准备好所需资料,并逐步形成收集与整理资料的习惯,从而评价课前准备的积极度、完整度等。基本达标 1 星,出色完成 3 星,自主创新 5 星。

2. 课中的参与:包括在课堂上的活动参与度、积极度,探究能力、创新能力,学术思维的形成等方面。基本达标 1 星,出色完成 3 星,自主创新 5 星。

3. 课后的研究:能否在课后继续资料的收集与整理,与小组成员的合作度、效率,小组成果的汇报、心得等的完成度。基本达标 1 星,出色完成 3 星,自主创新 5 星。

(二)评价方式

本课程评价方式将根据上述维度进行综合性评估,评出"最充分准备奖""最积极参与奖""最认真研究奖"。具体操作如下:

1. 最充分准备奖:能够出色完成课前资料的收集与整理,能够在学习中使用这些资料,能够自觉延伸资料的广度与深度。

2. 最积极参与奖:能够在课程中积极参与小组讨论、合作学习,能够理解教师的思路,形成自己的知识体系。

3. 最认真研究奖:能够在课后的研究报告中运用学习的文学地理学研究方法,并且提出自己的观点。

(开发教师:甄星颖)

爱秀历史剧

一、课程概述

历史剧是以真实的历史人物、历史事件为题材,经过作者艺术加工编写而成的戏剧作品。德国哲学家黑格尔将其界定为"向过去的时代取材"的作品,并把"维持历史的忠实"作为一条重要的创作原则。创作历史剧要对大量的历史资料进行分析、研究,在尊重事实的基础上,选取具有典型意义的历史事件,适当地运用想象、虚构的艺术手法,丰富其内容,构成戏剧冲突,再现一定历史时期的社会生活面貌。

本课程从创作与表演两个维度展开教学活动,它是课堂教学的有益延伸,是学生能力发展与创造性的重要体现,也是历史学科素养的输出与呈现。历史剧社"爱秀"意在展示自我、激发灵性,这与学校的"灵性教育"哲学不谋而合。

本课程适合七年级和八年级学生,教学理念是:让历史在演绎中回眸,让学生在体验中飞舞。意大利教育学家蒙台梭利曾经讲过:"我看到了,我忘记了;我听到了,我记住了;我做了,我就理解了。""爱秀"课堂提供平台,学生通过创作与演绎剧本,更深刻地了解了历史。学生在课程中体会历史故事的千回百转与跌宕起伏,感悟历史人物的爱恨情仇与生死抉择。这样,学生在课程中既体验到了历史学习的乐趣,也加深了对历史的理解。

二、课程目标

1. 观看经典历史剧,了解舞台表演艺术的特点,提升细节观察的能力,感受舞台表演艺术的魅力。

2. 了解改编历史剧本的方法,提升进行角色扮演的能力,体验历史学习的乐趣,增强表演意识与自信心。

3. 学会历史剧创作的基本方法,自编自导自演一部完整的历史剧,加深对历史的理解,展示个性风采。

三、课程内容

本课程以课堂内外的历史人物和历史事件为题材,以历史剧本的创作和表演为主要形式,在尊重历史的基础上,通过一定的艺术加工,完成戏剧剧本的创作,并按照剧情匹配角色演员、设计服装道具,最后在舞台上演出。具体内容由四个模块组成,分别是历史剧鉴赏、历史角色扮演、历史剧编演、历史剧汇演。

(一)历史剧鉴赏

本模块有两项具体内容,第一项内容是观看经典历史舞台剧:《霸王别姬》《情系汨罗江》《赵氏孤儿》《商鞅变法》《金屋藏娇之东宫易主》《马关条约》《文成公主进藏》《岳飞之死》《巴山魂》《大梦敦煌》《雅克萨之战》等,通过观看专业演员的表演,感受历史舞台剧的魅力,了解戏剧舞台表演艺术的基本要素,提高戏剧欣赏能力。

第二项内容是观看广州市历史剧表演大赛学生获奖作品:《丝路古韵》《岭南女校之光——那夏理》《马关条约》《鸿门宴》《将相和》《理想》《战地青春》《花木兰》《秋瑾》等,通过观摩同龄人的表演,初步掌握历史剧表演的技巧。同时安排有创作经验的学长们开设"如何进行历史剧创作"的讲座,发挥同伴之间的榜样示范和精神引领作用,激发学生的内在创作兴趣。

(二)历史角色扮演

本模块有三项具体内容,分别是角色的了解确定、角色的揣摩扮演、角色的理解点评。所需剧本是《戊戌变法》《华清池的枪声》《甲午中日战争》,第一组确定康有为、梁启超、翁同龢、李鸿章、荣禄、光绪帝、谭嗣同、慈禧太后、袁世凯等的角色扮演者;第二组确定蒋介石、张学良、杨虎城、侍从、士兵、东北老汉等角色的扮演者;第三组确定左宝贵、叶志超、李鸿章、邓世昌、丁汝昌、徐邦道、日兵、中国士兵等角色的扮演者。学生从心理活动、语气语调、表情动作、姿态气场等方面揣摩角色并分组演练。排练成熟后各个剧组进行正式的舞台表演和同伴点评。通过角色扮演这一过程的磨炼,锻炼学生的表现能力和合作能力,增强学生的自信心与沟通表达能力。

（三）历史剧编演

本模块的主要内容是学生自编自导自演一部完整的历史剧。具体包括:剧本撰写、角色配对、剧本演练、舞台布景、服装设计、道具准备、化妆录制等。具体流程:教师先提供剧本范本,学生了解剧本编写的基本要素与要求,然后每小组自选主题,改编或自行创作历史剧本。定剧本后以小组为单位,七年级和八年级学生搭配,通过师徒结对完成自编历史剧的演练与录制,并将作品送入市里参加广州市历史剧创作大赛的评审。

（四）历史剧汇演

本模块主要内容是成果汇报,教师搭建"历史剧之夜"舞台,布置舞台场景,制作历史剧海报,学生以表演的形式展示作品。历史剧汇演既是学生创作能力的体现,又是学生展示自我的好机会。

四、课程实施

本课程共用时 24 课时,具体安排如下:历史剧鉴赏,4 课时;历史角色扮演,8 课时;历史剧编演,8 课时;历史剧汇演,4 课时。

本课程需要准备历史剧鉴赏资料和角色扮演资料,PPT(如何写好一个剧本),服装配穿与道具制作,化妆录制工具等,具体教学方法如下:

（一）知识讲授法

讲授关于戏剧艺术的基本知识,剧本的组成要素。

（二）感想分享法

观看获奖历史剧作品,分享"我最喜欢的剧本","我最喜欢的人物","我最喜欢的演员",并说明理由。

（三）讨论探究法

观看获奖历史剧作品,讨论完成一台精彩的历史剧表演需要做哪些准备、怎样才能演好一个角色等问题。

（四）同伴互评法

在角色扮演环节,每组完成表演之后,由其他小组成员点评。点评标准:一是剧组整体的舞台表现,包括角色之间的配合、有没有脱离舞台中心,有没有背对舞台等;二是角色个人的舞台表现力,包括语气语调、表情动作、姿态气场等。

（五）师徒结对法

在历史剧编演环节,要求八年级学生与一到两名七年级的学生师徒结对,通过发挥同伴之间的积极影响,完成历史剧自编自导自演。八年级学生有了一定的创作与舞台经验,通过发挥表演方面的优势,同龄人之间的平等交流,容易获得七年级学生的喜爱,由此,师徒结对将取得事半功倍的效果。

（六）舞台展示法

通过布置舞台场景、制作历史剧宣传海报等活动,给学生提供展示能力的机会;通过舞台表演的形式进行成果汇报,展示学生的个性风采。

五、课程评价

"爱秀历史剧"课堂是一个充分展现个性的舞台,它注重表现和学习的过程,并以激励为主,从不同方面发现学生的优点并积极引导。具体评价方式如下:

（一）过程性评价

关注学生在课程过程中的参与度,依据积分,评出以下奖项:

1. "合作之星":积极参与,虚心听取他人的意见、服从分工

2. "言达之星":积极发言,大胆表明自己观点,自信展示

3. "整理小达人":按照学习任务的要求,积极收集整理资料

（二）展示性评价

关注学生在课程中的表现力，采用自评、他评相结合的方式，评出以下奖项：

1."最佳角色奖"：语气语调、动作表情、姿态气场都符合角色

2."最佳剧本奖"：故事情节跌宕起伏，人物性格分明，剧本要素完整

3."最佳海报奖"：海报兼具思想性与艺术性，布局与色彩协调

4."夜空中最亮的星"：舞台展示，包括舞台表演、服装道具、化妆艺术等表现最佳

（开发教师：张永和、徐　瑛）

课程
2-6

最美和声

一、课程概述

　　合唱是一种集体性很强的声乐艺术,是一种群体歌唱的多声部艺术表现形式,合唱教学是学校音乐教育中不可缺少的一项教学内容,是对学生进行思想教育、审美教育的有效途径,它是音乐教育中的一个重要组成部分,是素质教育中重要的一环,特别是就"合唱之都"的广州而言,合唱教育的地位尤为重要。

　　合唱具有培养协作精神的功能。在合作歌唱的过程中,找到适合自己的声部让自己的个性融入集体。合唱有助于学生激发兴趣,提升审美能力、感受美的能力、表达能力、协作能力,体会音乐传递出来的思想感情。

　　课程理念是:最美和声、唱出心声。合唱是抒发爱国情怀、展示校园文化、歌唱美好时代的最好方式,大力发展合唱教育,开展合唱活动对于社会主义核心价值观的践行具有重要的意义。通过合唱,给学生一个体验情感的舞台、一个表达心声的舞台。大力开展合唱教育活动能培养学生对经典音乐的兴趣,提高团队合作意识,培养集体主义、爱国主义精神。

二、课程目标

　　1. 了解合唱艺术的基本概念,提高音乐鉴赏能力,能够与音乐作品所表达的思想情感产生共鸣。

　　2. 了解呼吸、发声和唱法等音乐知识,掌握科学的演唱技巧,提高自身合作演唱的音乐素养。

3. 学会在合唱中找寻自己的声部位置,体验团结协作的艺术魅力,认同自己的音色、音高等个人特点,悦纳自己,唱出心声。

三、课程内容

本课程以《青少年合唱基本手册》为依据,从学生的艺术积累和课程理论实践切入,引导学生参与其中。具体内容分为三部分。

(一)乐理初探

主要内容是合唱的基本要素、流程和步骤,基本的乐理知识,多声部演唱方法,视唱基础等。

(二)乐境采撷

其一是选择经典曲目进行合唱作品的排演,如《放牛班的春天》《冬冬奎》《葡萄园夜曲》等作品。其二是舞台形象的历练与培养,包括衣着、仪态、动作和表情等方法的塑造。

(三)乐海畅游

脍炙人口的合唱作品不胜枚举,如《打靶归来》《vois sur ton chemin》《天堂》《天神赐粮》等。学生从自己的角度理解作品、分析作品,学会发现美、欣赏美与鉴赏美。对音乐经典作品品鉴后,形成文字,分享感受与认知。

四、课程实施

本课程共 30 课时,具体实施方法为阿卡贝拉体验法、super singer 舞台实践法。课程以舞台实践为实施的主要形式,课程需准备合唱台和钢琴。

(一)阿卡贝拉体验法

阿卡贝拉体验法,是在合唱团体的基础上,根据我们合唱团学生的具体音域、音准、演唱能力等实际情况,将学生分为 4 个声部(八个小组),每一次课程的前半段,用来开展阿卡贝拉体验。具体实施过程如下:

1. 单音体验。分为八个小组,给出不同的和弦。在无伴奏的情况下,同学们感受人声构建的和声。并通过指挥与体验队员的配合,使参与的小组感受到人声的魅力。同时,其他同学在聆听的过程中对表演的同学进行评价。

2. 和声体验。和声体验构建在单音体验的基础上,每组在单音的基础上,向上或向下增加音程,构成和弦,并用各种拟声词进行演唱。在此过程中,感受人声的魅力,并体会和弦变化引发的情感传递。

3. 加花体验。在和声体验的基础上,根据自己的音乐感觉,同学们自由地展开,在原有的音阶上进行加花,但要求节奏一致,最后回到主音。同学们在参与的过程中,既能感受到和声的魅力,又能体会到创作的欣喜。

(二) super singer 舞台实践法

super singer 舞台实践法主要致力于培养学生的演唱能力与舞台感觉,分两方面实施:

1. 演唱能力方面,主要使用模仿的方式进行发声练习。模仿各种动物,如猫、狗、牛等常见的动物的声音;模仿生活中各种情绪下的声音,如吃惊、叹息、喜悦,等等。此外还将用情境带入的感觉进行演唱。

2. 舞台体验方面,以八个人为一组。一是小组内的小舞台体验,在小组内开展多声部合唱体验,学生在理解的基础上,进行自由创作。如模仿钢琴、吉他等乐器的声音来伴奏,定期进行展示。二是集体互动式舞台体验,选择不同作品,并挑选部分同学进行领唱、轮唱、齐唱等方式多维度体验,增加舞台自信。

五、课程评价

合唱是一项促进学生团结协助、逐步成长的活动,课程进行中对学生进行最佳歌喉、最佳鉴赏、最佳表演的过程性评价,及时对学生的学习情况进行反馈,使学生能调整自己的发声习惯和技巧。在课程结束后进行小组展示的终结性评价。

（一）最佳歌喉

运用模仿的方式进行发声练习，模仿各种动物和在各种生活情景下不同情绪的声音，进行评价，见表4。

表4　发声练习评价

等级	优秀	良好	合格	不合格
模仿动物的种类数量	能模仿三种以上动物的声音	能模仿两种动物的声音	能模仿一种动物的声音	不能够模仿
模仿情绪的种类数量	能模仿三种以上情绪的声音	能模仿两种情绪的声音	能模仿一种情绪的声音	不能够模仿

（二）最佳鉴赏

能多次表达自己对经典作品的理解和鉴赏，次数最多表达最丰富，最有想象力的同学获"最佳鉴赏"。

（三）最佳表演

每堂课记录学生上台表演的次数并采取生生互评，累计获积分最高的同学获得"最佳表演家"称号。

（四）小组展示

在学期末，以作品演唱的形式，分成四个小组进行展示，并就每位组员在小组中的表现进行评分。集体奖项包括"阿卡贝拉"巅峰奖、"最具潜力"组合奖、"实力隐藏"最深奖、"团结协作"默契奖。见表5。

表5　小组评价

项目	第一组	第二组	第三组	第四组
单音完成情况				
和声完成情况				
加花完成情况				

备注：各小组在完成的项目单元格内打"√"，全班按完成情况排序，第一名获"阿卡贝拉"巅峰奖、第二名获"最具潜力"组合奖、第三名获"实力隐藏"最深奖、第四名获"团结协作"默契奖。

（开发教师：刘光练）

第三章

Mind：思想博识之家课程

学术大师陈寅恪标榜"独立之精神,自由之思想",认为士人应有独立自由的精神意志,以摆脱世俗的桎梏。人生而为人的尊严,就在于人类拥有思考的能力,能够实现意志自由与理性自律。古人云,"恒者行远,思者常新,博观约取,厚积薄发",勤于思考,才能常思常新,在广泛浏览观察的基础上,才能去粗取精,存真去伪。思想博识课程内容上涉及社会生活的各方各面,旨在拓宽学生的视野,提高学生的思维能力。

思想，是客观存在反映在人的意识中经过思维活动而产生的结果。青少年的思想教育主要源于学校的培养。课堂是思想教育的重要阵地，可借助多样的知识、巧妙的辩思、激烈的探讨，以灵活的方式训练学生的思维能力。

　　思想博识之家课程包揽中西，贯穿古今。学校提供种类多样的课程，单是综合实践课就设置了 20 多门兴趣学科，涉及生活、艺术、科学、文学等方面，包括爱生活、生活中的心理学、民俗文化深阅读之旅、茶文化、Logo 设计工作坊、爱上吉他、数学窥秘、数学视窗、USAP 美国学术五项训练营、苏元航模、智能机器人、模拟法庭、爱秀历史剧社、遨游奇妙童话世界、历史岭南文化，等等。课程形式的多样给予了学生多种的学习选择，也激发了学生发展课外兴趣的潜能。

　　不同学科的知识、方法、思维是可以贯连通用的。因此，我们注重学科的交叉运用，提供跨学科、大容量的知识库，让学生在知识的海洋、思维的天空中自由遨游飞翔，对每个学科进行丰富拓展，梯级上升，逐步引导学生，启发他们的思维。

　　课程以梯级目标实现思想的再启发。思想博识之家课程的设置涉及初一至初三，即整个初中的课程，根据每个年级学生的思维特点，让学生从初一到初三年级逐步培养发散性思维、培养文哲思维、培养跨学科立体思维。为此，制定了详细且有梯度变化的目标规划。

　　初一年级注重培养会观察、善提问的习惯，比如，数学学科侧重培养从数学的角度发现问题和提出问题的能力；语文学科则是培养阅读，思考文章思想，观察生活，写日记习惯，记录思考过程的能力。初二年级训练快速提取、整合信息的能力，比如，数学课上体验解决问题方法的多样性，发展创新意识；英语课利用不同的观点和丰富的信息，拓展学生的知识面，让学生能够学以致用。初三年级学会分析与交流，将自己的思想自信地表达出来，培养学生终身学习能力。语文学科培养学生全面和综合的阅读与写作素养，使学生能够娴熟、灵活地运用理论与技巧进行阅读与写作实践;数学学科要求经历从不同角度寻求分析问题和解决问题的方法的过程,体验解决问题方法的多样性,掌握分析问题和解决问题的一些基本方法;英语学科使学生能够用英文自信地表达对热门话题的观点,并与同学进行交流。

我们带领学生到不同场馆,让学生有更多的自由体验及思考的时间和空间。课堂会深入自然与社会,教师会带领学生到教室外去体验大自然,在自然中发现与课程相关的知识,帮助他们更好地探索。定期组织学生参观签约的科技企业,带领学生边参观边在企业中体会知识在社会中的运用。这丰富的课堂形式更好地体现了该课程是进入社会的门户。课堂与活动相结合,活动与实践相结合。每一门课程不是单一传统的教师讲授法,而是融合了多种授课方式,如参观法、实验法、演示法、实习法、练习法等。教室的讲台可以成为学生自己的舞台,可以成为师生探讨辩论的主场所,也可以成为展现学生成果的分享平台。

雅正思想,博识智慧是课程的最终目的。课堂利用不同的知识、不同的方式教导学生明辨是非,善于思考,有符合道德与法律的看法,促使学生成为一个有思想、有智慧的人,以自信的姿态走向社会。

巴尔扎克说过,"一个能思想的人,才真是一个力量无边的人"。思想博识之家课程联结的是知识,丰富的是思想,成就的是智慧,蕴育的是力量,这让学生在走向社会之时,能够有社会责任感、从容不迫,从而成为独立自主的人。

（撰稿人：吴文英）

法律智多星

一、课程概述

　　青少年学生是祖国未来的建设者和中国特色社会主义事业的接班人,党和国家一直十分重视在青少年中开展法治宣传教育工作。中央宣传部、司法部在其法治宣传的每个"五年规划"中,都强调把加强青少年的法治宣传教育作为普法重点。2002年,教育部、司法部、中央综治委、共青团中央联合召开全国青少年法制教育电视电话会议,随后,广东省教育厅等单位联合印发《关于进一步加强青少年学生法制教育工作的意见》。党的十八届四中全会决定把法治教育纳入国民教育体系,并从青少年抓起,在中小学设立法治知识课程。

　　本课程结合我校学生的生理、心理特点和接受能力,开展以培育和践行社会主义核心价值观为主题的法治宣传教育活动,促进我校学生法律知识的普及和守法行为的养成,营造遵法、信法、守法、用法、护法的浓郁氛围,弘扬社会主义法治理念和法治精神。

　　本课程理念是:用法律智慧解决生活问题。教学对象是七年级和八年级学生,课程的案例来自日常生活中的真实案例,课堂中学到的辩论知识,可运用于法庭辩论的日常环节。课程的考核结果可作为是否具有法律智慧的判断依据。

二、课程目标

　　1. 掌握基本的法律常识和制度,明晰行为规则,规范行为习惯,增强法治观念,懂得分辨是非,运用法律手段维护自身权益,通过法律途径参与国家和社会生活的意识和能力。

2. 能够树立法治理念,树立法治信仰,自觉参与法治实践,形成对社会主义法治道路的价值认同、制度认同,成为社会主义法治的忠实崇尚者、自觉遵守者、坚定捍卫者。

三、课程内容

本课程用时 20 课时,主要内容分为 6 个部分,具体如下:

(一)远离不良行为习惯

青少年要健康成长,不抽烟、不喝酒、不吸毒、不赌博。吸烟、酗酒有害健康;打人骂人,属于不道德行为或一般违法行为,情节严重的甚至会构成犯罪;吸食毒品会毁灭自己、祸及家庭、危害社会;青少年赌博严重影响学业成绩,诱发心理、生理疾病。这些不良现象应引起我们的高度重视,青少年学生要自觉远离不良习惯,实现身心健康成长。

(二)远离成人娱乐场所

游戏厅、影剧院、录像厅、舞厅、夜总会、桑拿浴室等营业性娱乐场所不适宜未成年人进入。沉迷电子游戏、进入成人娱乐场所会荒废学业,损害身心健康,甚至会因这些场所突发的安全、治安事故而危及生命。若在这些场所结识坏人误入歧途,更可能诱发违法犯罪铸成大错。

(三)远离社会团伙帮派

拉帮结派是一种丑恶的社会现象。团伙帮派为获取非法利益,扩大势力范围,往往滋事生非,甚至违法犯罪,危害社会。中学生要建立正常的同学关系,远离团伙帮派;应当做到遵纪守法,与他人和睦相处。

(四)远离网络陷阱

我们生活在信息化飞速发展的时代,网络为我们的工作、学习、交往、娱乐、购物、理财等带来了许多便利,我们在使用网络时,要注意遵守网络法规,避免网络干扰生活,影响学习;避免在网络交往、娱乐、购物、理财时误入陷阱,遭受人身和财产的损失。在网络活动中我们要注意维护自身的安全。

（五）爱护公共设施

中国是一个有着五千年历史的文明古国，有丰富的文化遗产，到处都是文物和名胜古迹，我们应珍惜和保护。我国政府为满足人民群众的物质文化生活的需要，建立了许多公共设施，我们应该爱护。

（六）遵守公共秩序

遵守公共秩序，是我国宪法规定的公民基本义务。我们每个人都生活在一定的社会环境中，如坐公共汽车、在商场购物、在银行存取款、在饭堂用餐等，如果不讲秩序，社会就会混乱，我们就不能正常生活。因此，为了给他人与自己一个健康快乐的生活环境，不仅要遵守公共秩序，而且要维护公共安全。

四、课程实施

本课程具体实施方法如下：

（一）知识讲授法

教师通过口头语言讲述、讲演、讲读等形式向学生描绘情景、叙述事实、解释概念、论证原理和阐明法律条文。

（二）案例剖析法

教师通过典型法律案例的收集和编辑，设置具体场景，充分调动学生的积极性和主动性。教师在讨论中宜适当引导讨论，倾听学生的发言，使所有学生都参加讨论，并在讨论结束时做好总结。采用由学生自主归纳、教师适当加以总结的方法，可选择书里或生活中的案例加以剖析说明。

（三）小组辩证法

以辩证的形式将学生学习过程中容易出现的模糊点、难点呈现出来，让学生在辩证中加深对问题的理解。有些内容学生既熟悉又陌生，运用辩证的形式可以让学生有话可说，有理可辩，从而达到加深了解的目的。

五、课程评价

在评价思想上，以学生为主体，注重过程性评价，坚持激励性评价，关注个性评价。对本课程的评价主要从以下三个方面进行：一是学习的准备评价。即课前资料的搜集。二是课程活动参与程度评价。它包括课堂上自我表达与团队活动中的合作分享。三是学习结果评价。即完成作业的质量情况与完成作业是否提供创新性的思路。本课程在评价方式上，要求做到形成性评价、评选性评价、终结性评价相结合，自评、生评、师评、纸笔测试成绩相结合。具体做法如下：

（一）参与度评价——"法律学习小能手"评选

以积分制形式，对课堂学习的各个环节进行评分。基本达标 1 分，出色完成 2 分，作业创意 2 分。课程结束时总分前 20％的学生为"法律学习小能手"。

项目	课前资料搜集	课堂中表达交流	小组合作	课后作业	作业创意
自评					
生评					
师评					
总计					

（二）评选性评价——"法律知识之星"、"法律辩论小能手"评选

1. 评选"法律知识之星"。举办法律知识选择题比赛，在 40 分钟内，完成 50 道选择题，每道 2 分，合共 100 分。按分数从高到低排序，年级前 20 名的同学获"法律知识之星"称号。

2. 评选"法律辩论小能手"。举办法律辩论赛若干场，每场选出一位。根据评委当场打分，加总后计算出总分，得分最高者为该场比赛的优秀辩手（若出现 2 位分数一样的最高得分者，则这 2 位辩手同时为该场的优秀辩手；若出现 2 位以上的最高得分者，则由评委临时为这几位辩手

打出满分为 10 分的附加分,再统计结果,直至最终产生一名优秀辩手为止。

（三）终结性评价——"法律智多星"评选

以参加每年一度的广州市中学生法律知识竞赛作为终结性评价。广州市中学生法律知识竞赛是由广州市中学生法律知识竞赛组委会负责组织,由各区教育局相关科室、教研室(教育发展中心)政治科和广州市中学政治教学研究会等组成的中学生法律知识竞赛领导小组具体实施。竞赛内容主要依据广州市中小学生法律读本编写组和广州市依法治市领导小组联合编写、由广东经济出版社出版的《依法治市幸福广州市中学生法律读本》(2016 年 9 月第 11 印次)。竞赛卷分Ⅰ卷(客观题,占 70 分)和Ⅱ卷(主观题,占 30 分)两部分,全部开卷作答。答卷时间共80 分钟,总分为 100 分。Ⅰ卷部分的题型主要有:辨别正误、单项选择、多项选择,Ⅱ卷部分的题型主要是案例分析题。

（开发教师：苏家聪）

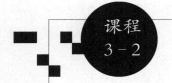

课程
3－2

数学窥秘

一、课程概述

数学教育正处于重要的变革时期,人们对数学、数学学习、数学价值与功能的认识,都在发生着显著的变化,它们将直接影响到中考数学、竞赛数学中内容的选取、题型的变化,影响到数学试题的立意、情境和设问方式,当这一切都在变化的时候,学校的数学课堂也要有适应性的调整。

本课程开设对象为八年级学生。八年级学生有了一定的初中数学思维,教学时能既紧贴书本知识,又能实现对书本知识的延伸和拓展。

本课程理念是:专题重组,同步提升。专题重组与学习进程同步、与学生发展协调、与培优过程一致。着眼针对性、层次性以及开放互动性的训练材料,兼具丰富性、实用性和有序性的竞赛课程资源,以这些典型问题为载体,进行全面深刻的探究,拓展学生的数学视野,完善学生的数学知识体系,激发学生学习数学的兴趣,让学生更好地适应数学教育的变革。

二、课程目标

1. 初步了解数与代数、空间与图形的基本知识,提高计算速度、计算能力和空间想象能力;体验自主探究、小组合作、启发式教学等多种学习方式。

2. 感受初中数学的一些基本思想方法,比如,分类讨论、数形结合、化归思想、方程思想等在解题中的应用,提升总结归纳的能力,感受数学的独特魅力。

三、课程内容

本课程的主要内容是八年级数学基础课外拓展内容,分为数与代数版块、空间与图形版块两部分,其中数与代数版块有 12 个内容,空间与图形版块有 13 个内容。

(一) 数与代数版块

二次根式的化简求值。主要内容是灵活运用幂的运算法则和乘法公式进行二次根式的化简,准确运用平方差公式进行分母有理化。提高学生的运算能力,掌握灵活运算的技巧。

二次根式中一些特殊规律的猜想与证明。主要内容是根据给定的几个具体数字的二次根式恒等式,猜想和证明符合一般规律的二次根式恒等式。

分解方法的延拓一:

换元法与主元法。主要内容是用换元法和主元法对结构比较复杂的多项式进行因式分解,提高学生处理复杂因式分解问题的能力。

分解方法的延拓二:

配方法与待定系数法。主要内容是用配方法和待定系数法进行因式分解,配方法主要是通过拆项或添项得到完全平方公式;待定系数法是设定待定系数,然后利用已知条件求解出系数,解决因式的分解问题。

因式分解的应用。主要内容是利用因式分解解决构造求值型问题、探索规律型问题、开放创新型问题等,提高学生灵活运用因式分解进行解题的能力。

有条件的分式化简与求值。主要内容是利用题目中给出的条件调整目标,或者根据目标对条件进行变换,从而达到分式的化简与求值的目的。

海伦—秦九韶公式的证明及推广拓展。主要内容是介绍海伦—秦九韶公式,引导学生对公式进行证明,介绍公式的推广与拓展,拓宽学生的数学视野。

费马大定理及数学千禧年大奖难题。主要内容是介绍费马大定理及相关的数学故事,介绍数学千禧年大奖难题,让学生了解数学的发展历程以及数学的尖端问题,激发学生探究数学的欲望。

考古年代测定的实际数学模型。主要内容是利用数学模型计算考古生物中的放射性碳进行年代测定,学生初步感受数学在考古学中的应用。

配方法的解题功能。主要内容是利用配方法解决代数式的化简求值、解方程、解最值、讨论不等关系等问题。

从常量数学到变量数学。主要内容是通过函数知识的学习,学生认识到常量数学到变量数学的转变,函数是代数的纽带,代数式、方程、不等式、数列、排列组合、微积分等都与函数有直接关系。

选择方案。主要内容是用一元一次方程解决方案选择问题,理解并掌握方案问题的一般解题思路和解题方法。

(二)空间与图形版块

最短路径问题探究。主要内容是解决经典的最短路径问题,归纳常见的最短路径算法,提升学生的总结归纳能力。

用轴对称进行图案设计。主要内容是鉴赏生活中的轴对称图案,观察并总结轴对称图形的性质,学生通过旋转、平移、轴对称设计一个美丽的图案。

等腰三角形的性质与判定。主要内容是巩固等腰三角形的性质与判定法则,利用其性质与判定解决经典的证明问题,提高学生思维的灵活性与深刻性。

全等三角形的构造。主要内容是理解全等的含义,能在复杂的图形中发现并分解这些基本图形,选择恰当的全等方法,掌握证明全等三角形的要领。

勾股定理的多种证明方法探究。主要内容是探讨勾股定理的多种证明方法,熟练运用勾股定理解题,培养学生开放思维、一题多解的能力。

勾股树的设计。主要内容是复习勾股定理,设计勾股树,培养学生数学审美能力,提高学生实际操作能力。

折纸做 60°、30°、15°的角。主要内容是利用折纸做特殊角度的角,并将实际问题转化为数学问题,思考并证明操作的正确性。

黄金分割及其拓展。主要内容是介绍黄金分割点的知识,学习黄金分割在摄影方面的应用;学习黄金矩形,了解黄金矩形在建筑方面的应用。

丰富多彩的正方形。主要内容是利用正方形的完美性,解决一些与正方形相关的新颖别致、妙趣横生的数学证明题目,体会全等与几何变换在解题中的应用。

面积问题评说。主要内容是体会求图形面积问题的多种方法,提高学生的灵活转化能力。

由中点想到什么? 主要内容是利用中点做倍长中线辅助线、利用中点做中位线、利用中点做中心对称图形来解决几何证明问题。

图形的折叠问题。主要内容是掌握解决折叠问题的常用技巧:字母化、建立方程、数形结合,提高系统归纳能力。

图形与变换。主要内容是了解图形的平移性质,解题的关键是利用图形平移中的不变量与不变性。

四、课程实施

第一部分数与代数版块共 12 讲,用时 24 课时。第二部分空间与图形版块共 13 讲,用时 26 课时。每个版块或者每节课的具体实施方法有所不同,宜根据教学内容和学生的情况实施。具体实施办法如下:

(一)教师讲授法

对数学概念、数学原理进行系统讲解,层层深入,梯级上升,对数学定理的原理与本质、方法与技巧、历史与起源分析论证,引导学生思考,培养学生计算能力、思维能力。

(二)合作探究法

分组收集各种数学问题、数学模型,了解数学史,提出问题,小组讨论解决方法,以此激发学生探究数学的欲望,让学生感受数学在现实生活中的价值。

（三）总结归纳法

对常见问题、经典问题进行归纳，提升总结归纳能力，提高灵活转化能力，提高学生思维的灵活性与深刻性，形成知识网络，学会迁移知识，有效解决问题。

（四）启发教学法

设置经典问题，启发学生自主思考和应用，调动学生参与解决数学问题的积极性，提高理解能力和应用能力。

五、课程评价

注重以学生为主体，注重过程性评价，坚持全面评价、全程评价、全员评价。对本课程的评价主要从以下两方面进行：

（一）积分测试

每次作业按时上交积 1 分，按时出勤积 1 分，每举手回答一次问题积 1 分，作业拿 A 等级积 1 分、B 等级积 0.5 分。所有积分在期末统计，并占最终成绩的 30%。

（二）纸笔测试

纸笔测试成绩占最终成绩的 30%，每次测试的成绩折算成满分 30 分的分数。

（三）方案展示

针对经典的数学问题，小组合作收集资料并展示解决方案。方案展示成绩占最终成绩的 40%。

项目	成员配合(10 分)	资料收集(10 分)	PPT 制作(10 分)	方案展示(10 分)
分数(40 分)				

最终成绩 = 积分(30%) + 纸笔测试(30%) + 方案展示(40%)

（开发教师：张亚茹）

课程
3-3

数学视窗

一、课程概述

数学是一门抽象且理论性较强的学科。学生升入初中学段后,数学学习的内容和方式会发生改变,思维的深度也跳跃性增加。随之而来的是学生学习数学的难度加大,学习热情普遍下降,甚至开始出现畏惧或厌学情绪。

基于数学学科的重要性和学情特点,我们提出"拓宽视野,玩转数学"的课程理念,将本课程定位为帮助学生拓宽数学视野,增强对数学的了解和正确理解,丰富学生的知识领域,调动学生的积极性和创新精神。

该课程主要探究两个问题——数学是什么和怎样学好数学。

二、课程目标

1. 正确认识和理解数学是什么,初步了解数与代数、空间与图形的基本知识。通过自主探究、小组合作等学习方式,培养创新精神和学习兴趣。

2. 初步感受初中数学的一些基本思想方法,提升总结归纳的能力,感受数学的独特魅力。

三、课程内容

本课程的主要内容是七年级数学课外拓展内容。课程内容分两期三部分。上期主要认识课本以外的数学,了解数学是什么,注重知识的广度和数学的趣味性。下期注重数学探究,深入思考如何学好数学。课程内容紧贴课本知识,同时又有对课本知识的延伸和拓展,通过专题重组的形式,分为数与代数版块、空间与图形两个版块,与学习进程同步,完善学生数学知识体系。

（一）认识理解数学——数学的故事

本部分内容分为三个方面,分别是数学的童年、数学之谜、身边的数学。

"数学的童年"主要介绍数学是怎样发展起来的以及出于什么原因发展的。重点介绍负数小史和代数学的产生,推荐阅读《奇妙的数王国》。

"数学之谜"主要是阅读书籍《宇宙的语言》《东方的天才》《空间的边缘》《超越无限》。

"身边的数学"主要介绍商品的利润问题、日历中的数学问题、乘方效应、建筑中的数学美、剪纸中的数学知识、简单的优惠方案选择问题。

（二）数与代数

数轴,数与形的第一次碰撞。本部分主要利用数轴来直观表示有理数、解释相反数,用图形来解决代数问题,利用数轴建立数与形之间的桥梁,以形助数,渗透数形结合的数学思想。

聚焦绝对值。本部分主要理解绝对值的概念,恰当运用绝对值的几何意义解方程,分类讨论脱绝对值符号、供应站的最佳位置选择问题。

一元一次方程(含参)。本部分主要会解简单的含参方程、能讨论解的有关问题(有解、无解、整数解)、掌握解方程的一般步骤并理解数学的化归思想。

情景应用题。本部分主要在阅读理解的基础上取舍信息,从不同角度分析问题,解决情景中的应用题,体验有价值的数学思维活动过程。

二元一次方程组。本部分主要尝试解决复杂方程组,引入整体叠乘叠加、换元转化、辅助引参等技巧。对于含有字母系数的方程,可进一步研究解的个数、解的特征等问题。

（三）空间与图形

图形生长的奥秘。本部分以"点"的方式扩散,以"面"的方式膨胀,以"体"的方式堆砌,是图形增长的常见形式,解图形生长问题的基本方法,分析图生长的方式、规律,分析相关数量的特征,寻找相关数量与图形序号的关系,观察发现,归纳猜想。

相交线和平行线。相交线和平行线都和角有关,主要内容是通过线的位置关系计算角度大小,或通过角之间的关系判断两线的位置关系。

图形面积的计算。主要内容是利用图形割补、等积变化、代数化等方法求非常规图形的面积,相关知识点有常规图形的面积计算公式、等底等高的两个三角形面积相等、等高(或等底)的两个三角形面积之比等于对应底(对应高)的比。

四、课程实施

本课程实施之前应精心备课,准备教案、学案、教具、视频或 PPT 等。本课程不仅采用教师讲授法,还有丰富的形式帮助学生拓展和理解数学知识。具体方法如下:

(一)探讨交流法

在阅读数学书籍、观看电影和视频时,对问题及时记录,在下一节课进行共同探讨与分享,比如数学书籍读书报告会,在探讨与交流过程中加深对数学的理解。又如,师生一起探索数学发展的起源,了解数学的发展和重大成就,帮助学生正确认识和理解数学。

(二)知识收集法

在课上听讲或者课后阅读的过程中,肯定会有疑问产生,学生需在课后上网查找资料,而不是马上找老师解决。在查找资料的过程中,自主探究,对数学课本内容进行拓展和挖掘。

(三)专题讲授法

通过汇编专题,从生活中的问题入手,对生活中的数学进行探究,帮助学生认识数学,解决实际问题。

(四)合作探究法

创设数学情境,将冗长的题目转变为有趣的探究情境,高效地获取关键信息,寻找数学关系解决问题,体会数学思想方法。

(五)启发教学法

通过启发引导学生自己去尝试新的或复杂的知识,发现新问题,将新旧知识串在一起,形成知识的系统结构。

五、课程评价

评价以学生为主体,注重过程性评价,坚持全面评价、全程评价、全员评价。评价方式如下:

(一)积分累计

每次作业按时上交积 1 分,按时出勤积 1 分,每举手回答一次问题积 1 分,作业拿 A 等级积 1 分、B 等级积 0.5 分。所有积分在期末统计,并占最终成绩的 30％。

(二)纸笔测试

纸笔测试成绩占最终成绩的 30％,每次测试的成绩折算成满分 30 分的分数。

(三)方案展示

针对经典的数学问题,小组合作收集资料并展示解决方案。方案展示成绩占最终成绩的 40％。

项目	成员配合(10分)	资料收集(10分)	PPT 制作(10分)	方案展示(10分)
分数(40分)				

最终成绩 = 积分/30％ + 纸笔测试/30％ + 方案展示/40％

(开发教师:陈　燕、吴　杰)

遨游奇妙童话世界

一、课程概述

儿童文学(literature for children),是专为少年儿童创作的文学作品。儿童文学特别要求通俗易懂,生动活泼。针对不同年龄阶段的读者对象,儿童文学又分为婴儿文学、幼年文学、童年文学、少年文学,体裁有儿歌、儿童诗、童话、寓言、儿童故事、儿童小说、儿童散文、儿童曲艺、儿童戏剧、儿童影视和儿童科学文艺等。儿童文学作品为少年儿童所理解、所喜爱,有利于他们身心的健康发展。

儿童文学由下面两部分内容构成:一是以少年儿童为主人公或是从少年儿童的视角出发观察世界,反映他们对世界的认识,以描写少年儿童的生活为主的作品,这是占最大比例的儿童文学作品。二是以成人为主人公,反映成人的生活内容和生活环境的作品,这类作品或采用了神话、童话等形式,或因其表现手段的生动多样、通俗易懂而富于情趣,也同样为少年儿童所理解、所喜爱。可见,儿童文学最大的特征是富有儿童情趣,有无童趣是区别儿童文学作品与成人文学作品最重要的分界线。虽然儿童文学具有"富有儿童情趣"的最大特征,但是儿童文学题材广泛,它同样可以表达严肃的主题如战争、环境等社会问题、阶级压迫和阶级斗争、人生的各种感情体验,等等。

正因为儿童文学具有以上特征,开设本门课程,在赋予儿童审美感受的同时,能够发挥儿童文学的社会功能,给予儿童以认识和教育,不断陶冶儿童的情操,培育他们良好的审美鉴赏能力,促使他们永葆赤子之心。七、八年级也正是从童年过渡到少年时期的重要阶段,将他们之前所熟悉的儿童文学作品从浅层次的了解引导到深入的学习,能够促进其正确的价值观的形成。儿童文学同时也是七、八年级学生比较感兴趣的内容,从他们熟悉的阅读领域中去开拓思维,有助于他们更好地认识社会、认识历史、丰富生活经验、增长知识、启迪心智。

本课程理念是:启迪心智,永葆童心。儿童文学内容丰富,不仅"富有儿童情趣",同时也表现人生、表达人类的思想情感。本课程意在启迪学生在感受童趣的同时思考作品的现实意义,体会作品的深度与厚度,深刻挖掘作者的创作目的与意义,并鼓励学生永葆一颗童心,保持对世界的探索兴趣与热爱。

二、课程目标

1. 初步了解儿童文学及其特征,了解一些重要的儿童文学作家,阅读其儿童文学作品,简单了解儿童文学的内涵。

2. 提高阅读能力,掌握不同文体的阅读技巧,便于快速地读懂作品内涵。

3. 学习儿童文学创作、评论等,提高儿童文学课程的学习热情,体验不同的学习形式。

三、课程内容

本课程具体内容分为三个版块,学习儿童文学基本文体知识,学习儿童文学的阅读、鉴赏和写作技巧,学习中外儿童文学。

(一)儿童文学基本文体知识

主要内容是讲述与童话相关的寓言、故事、小说、影视等内容,使学生理解、区分儿童文学概念,掌握儿童文学的基本类别及创作特征,解决"何谓儿童文学""儿童文学由哪些内容构成"等疑问。

(二)儿童文学的阅读、鉴赏和写作技巧

主要内容是指导学生进行儿童文学作品的阅读、分析和写作,以及了解一些著名儿童文学作者的生平经历、创作历程,并能够对儿童文学作品进行独立的分析。阅读方面,不仅仅阅读儿童文学作品,也要了解作家本人生平经历和创作背景,对作家作品形成更深入、完整的认识。本课程围绕安徒生、J. K. 罗琳、曹文轩、郑渊洁四个作家进行品读赏析,深入作家内心世界,深刻剖析作品创作背景、人物品质、表达意图及重要影响;品读一个作家后,让学生模仿作家作品特色进行片段创作,要求创作片段能突出人物精神,并阐释其创作意图。

(三)中外儿童文学

主要内容是使学生了解、掌握中外儿童文学主要作家及其著名作品,让儿童文学史上的优秀作品进入学生的阅读视野,拓宽学生儿童文学阅读面。同时,通过对比阅读的方式,比较中外儿童文学的异同,感受其不同的文化内涵。

附中外儿童文学阅读书目:

中国:郑渊洁《皮皮鲁总动员》《舒克和贝塔》《童话大王》;曹文轩《草房子》《细米》《青铜葵花》。

外国:乔安妮·凯瑟琳·罗琳(J. K. Rowling)的哈利·波特系列——《哈利·波特与魔法石》《哈利·波特与密室》《哈利·波特与阿兹卡班的囚徒》《哈利·波特与凤凰社》《哈利·波特与混血王子》和《哈利·波特与死亡圣器》;汉斯·克里斯蒂安·安徒生的《小锡兵》《海的女儿》《拇指姑娘》《卖火柴的小女孩》《丑小鸭》《皇帝的新装》等童话。

四、课程实施

本课程共 20 课时,分为三类课程:作家作品赏析课(常规课)、漫画分享课、作家讲座。分四个阶段进行:儿童文学概述、作家作品赏析、漫画分享、作家讲座。每一作家 4 课时,漫画课 1 课时,讲座 1 课时,考查 2 课时。具体实施方法如下:

(一)理论讲授法

通过口头语言向学生描绘童话情境,叙述事实,解释儿童文学涉及的相关概念、论证原理。通过教师的讲述可以让学生更准确系统地了解理论知识。

（二）感想分享法

第一阶段是儿童文学概述,让学生各抒已见,说说自己知道的儿童文学作家或作品,可补充《安徒生童话》《格林童话》等具有代表性的儿童文学作品。在教师的指导下,把学生分成两组,站在不同的两个方面围绕课堂的中心问题讨论感想,最后进行全班分享活动。

（三）问题欣赏法

主要内容是对影视作品、漫画的欣赏、鉴赏和分析。通过播放剪辑过的短视频(漫画),让学生带着问题观看,用评论、对比等方式阐述自己对影视(漫画)作品的理解。如:1.影片(漫画)主题是什么? 谁是主角? 内容为何? 2.这部影片(漫画)有什么现实意义? 影片(漫画)欣赏的目的是让学生加深对作品的印象和理解,本课程的基本要求是:了解影片(漫画)中的主人公的个性特点和精神品质,了解故事的情节和主题,对比社会现实,探讨作者的用意。

（四）朗读文本法

每一作者作品被介绍分享时,提取其中的经典片段加以展示分享,教师同时指导学生分角色朗读,使学生更好地了解作品中人物的情感和作者的写作风格,锻炼学生的朗读能力。

（五）模仿创作法

在作家作品赏析和漫画赏析课堂上,向学生分享作品片段和漫画作品,让学生仿写文字作品中的佳句佳段;了解漫画表现童话的艺术形式,同时了解不同漫画家的创作风格,让学生适当简笔模仿其中的经典漫画,为某一童话情节进行配图插画创作,激发学生的动手能力与创作潜能。

（六）聆听讲座法

邀请本学期来广州进行文化交流的儿童文学作家进校园,为本综合实践课程学生开设讲座,进行创作分享,让学生近距离感受作家的创作背景与经历,从而引起学生对作品的共鸣。

五、课程评价

（一）评价依据

对本课程的评价主要从以下四方面进行：一是学习过程中的表达交流，包括收集与整理课前资料、大胆表明自己观点、自信展现自己等；二是课程活动中的参与效果，包括按照学习任务单中的要求进行阅读、赏析、写作等；三是团队活动中的合作分享，包括在团队活动中积极参与，在讨论中能虚心听取他人的意见，能服从分工，并能主动地帮助他人；四是在课堂中的文学写作、漫画创作等表现优秀等。

（二）评价方式

积分评奖制。本课程在评价方式上，按照评分标准将学生分为优秀、较好、合格三个等级。

优秀：表现或作品十分出色，有亮点有创新，得到老师与同学们的一致肯定，加 3 分；

较好：表现积极，作业作品完成认真，能够体现用心和特色，加 2 分；

合格：基本符合要求，但无亮点、无创新、未能体现个人特色，加 1 分。

（三）评价结果

根据每位学生一学期所得分数的高低，评出以下六项奖项：

课堂表达：最佳表达奖（表达清晰准确）

作品评价：最佳评论奖（善于评论他人作品）

作文写作：最佳创作奖（创作富有想象力）

漫画创作：最佳漫画奖（以生动的漫画创作童话）

作业完成：最认真表现奖（作业完成认真）

作品阅读：最阅读小达人（广泛阅读儿童文学作品）

（开发教师：吴文英、许慧玲）

历史·博思

一、课程概述

历史教育不仅要让学生熟知和牢记具体的史实,还要引导他们利用历史知识这一厚重载体,去认识和明晰社会的变迁、发展的规律和趋势,在认识的过程中形成正确的世界观和人生观,发展他们的思维能力和创新能力。因此,培养好学生的思维品质是发展学生历史学科能力的关键所在。

学生只有具备较强的历史思维能力,才能对历史事件、历史现象、历史人物进行正确的分析和评价;只有对历史发展进程及其规律做到准确的认识和把握,才能以史为鉴,指导自己的行动。所以,我们要利用丰富的教学手段,教会学生历史的思维方法。思维能力的培养也是历史学科素质教育的核心。

本课程理念是:关注学生历史思维能力的发展。课程适合八年级的学生。八年级学生已经能够较好地掌握比较系统的历史知识,善于独立思考,不满足于课堂和教材里提供的现成结论和答案,喜欢多向或逆向的思维活动,有相当的抽象思维能力。他们绝大多数喜欢听历史故事,并且经常思索他们日常生活中熟悉的、感兴趣的事物,但看待问题还不够全面和深刻,思考多停留于事物表面,缺乏整体上和结构上的深度和广度。因此,本学年将致力于打造历史思维课堂,以辩论活动、史料教学、课堂讨论、合作探究等形式,发掘课程在发展学生历史思维能力上的价值,包括发展学生的逻辑思维、发展学生的批判性思维、发展学生的辩证思维、发展学生的创新思维等。

二、课程目标

1. 掌握甄别史料、收集资料的方法，初步学会对历史事件进行概括分析、判断推理，提高逻辑思维能力，学会自我学习。

2. 根据已有知识和所提供的信息进行独立的判断，完善其合理成分，形成一定合理的认识，以质疑的态度对待历史，对历史现象给予多种不同的解释。

3. 掌握小组学习的技巧，提高合作能力、表达能力，增强表达意识和自信心。

三、课程内容

本课程着重培养学生的历史思维能力，具体来说，包括四个版块：

（一）走进"逻辑"

主要内容是历史事实、历史现象的分析、综合、归纳、比较、概括；历史事实之间的联系与区别；历史概念的认识；历史事实内在的特殊本质、运用辩证唯物主义和历史唯物主义的观点和方法观察分析问题；历史资料的阐释；运用所学知识和理论创造性地解决现实问题等。

学习资料丰富，理论学习包含《为什么学习历史》《历史离我们远吗?》；体验学习包含《历史、历史事实、历史解释、历史结论》《逻辑思维故事》；归纳概括包含历史逻辑性思维的特点；运用迁移包含《寻找历史的足迹》等内容。

（二）走进"批判"

主要内容是针对那些尚无定论或结论不全面的问题，设置"批判性思维训练的问题（开放性问题）"，其中理论学习资料包含《历史的批判：历史虚无主义》；体验学习资料包含《被误解了的历史例谈》；归纳概括资料包含《历史批判性思维的特点和意义》；运用迁移资料包含《正确认识历史电影和历史电视剧》等。

（三）走进"辩证"

主要内容是通过蕴含辩证思维能力因素的历史故事,帮助学生辩证看待历史现象;通过熟悉的历史人物例子,对重大历史事件、历史人物进行实事求是的评价等。

其中,理论学习包含《历史的博弈》;体验学习包含《如何看待历史人物》《历史故事中的辩证逻辑思维——从"曹冲称象"的故事开始》;归纳概括包含历史辩证性思维的特点和意义;运用迁移包含《人性善还是恶?》等内容。

（四）走进"创新"

主要内容是对固有历史结论的分析探究、学习推理原理或理论的种类,了解新的史学资料和新的观点、新的评价,甚至完全颠覆传统的结论。此外还有历史探索、历史创作。

其中,理论学习包含《什么因素会影响历史的评价?》《历史是任人打扮的小姑娘吗?》;体验学习包含《历史辩辩辩》《历史剧创作与表演》;归纳概括包含历史创新性思维的特点和意义;运用迁移包含《中学生写史活动(家史、班史)》等内容。

四、课程实施

本课程共 4 个版块,16 课时。具体实施方法如下:

（一）小组学习法

以 4—5 人为一个学习小组,选出小组长,以小组为单位展开辩论学习、展示学习成果。

（二）情景学习法

1. 史料情景学习。利用历史材料进行教学,发展学生辩证思维。历史教学的取材范围广泛,不仅包含原始材料,还包含当下的时政热点材料。浩如烟海的历史材料可分为政治、经济、军事、文化、民族等内容。教学时可以选取各种素材对历史事件、历史人物等进行分析。阅读大量的材料是求证的必备条件,学生在阅读中思考,在阅读中求证。

2. 问题情景学习。巧妙设问，增强课堂教学中的"刺激变量"，引导学生深入历史，大胆质疑，同时鼓励学生多阅读，在阅读中增强批判性思维。历史学科强调"史论结合"和"论从史出"，学生的"质疑"精神值得提倡，但不能为了"质疑"而"质疑"，要大胆"质疑"，小心求证。

3. 讨论情境学习。组织专题辩论，把富有争议的历史问题转化为正反对立的辩论话题，是发展学生辩证思维的一个有效方法。

（三）体验学习法

组织学生撰写历史小论文、绘制历史漫画、编写历史剧和绘制历史海报等，发展学生的创新思维，注重不同体验、思维的多角度融和。

1. 学生实践体验与教师点拨指导结合。教学活动中给予学生较大的自主权，最大限度地发挥学生的主观能动性。教师主要给予指导和帮助。

2. 科学性与趣味性相结合。在教学活动实施过程中，针对学生年龄及心理特点，以形象、具体、生动、活泼的形式开展活动，设计富有趣味性的教学方式。学生能学有所得、学有所乐，在愉快的氛围中增长知识与才干。

3. 理论性与现实性相结合。任何学习都要为现实所用，学生对能在实际生活中发挥积极作用的知识总是兴趣盎然的。因此在教学活动实施过程中，教师应努力寻找历史与现实的结合点，引领学生进行历史求知与现实生活的直接对话，最大程度地激发学生学习的兴趣。

五、课程评价

在评价思想上，以学生为主体，注重过程性评价，坚持激励性评价，主要注重学生三个方面的学习能力的评价：一是学习过程中的表达交流能力，包括收集与整理课前资料、表明自己观点、展现自己等；二是课程活动中的参与能力，包括按照学习任务的要求进行构思、形成文字等；三是团队活动中的合作分享能力，包括在团队活动中参与、分工、聆听他人的不同见解等。本课程在评价方式上，采取多元评价方式。

（一）课堂评价法

是针对学生课前准备以及上课的表现采取的等级评价方法。

评价等级根据西周等级制度——天子、诸侯、卿大夫、士、平民划分。（老师、学生分别在表格中写上评价等级，并在等级下面写上简要文字评价）

参考评价标准：

天子：能够认真收集与整理课前资料、大胆表明自己观点、自信展现自己，语速合理，表达能力强；深刻领会学习任务，并能按照学习任务的要求进行完整构思，形成文字，字迹清晰；在团队活动中积极参与，能服从分工，组织能力强，认真聆听他人的不同见解，也乐于分享，能形成自己独特的见解。

诸侯：能够认真收集与整理课前资料、大胆表明自己观点、自信展现自己，语速合理；基本能按照学习任务的要求进行完整构思、并能形成文字，字迹清晰；在团队活动中积极参与，能服从分工，认真聆听他人的不同见解，也乐于分享。

卿大夫：基本做到收集与整理课前资料、表明自己观点、展现自己，语速合理；能按照学习任务的要求进行完整构思、并能形成文字；在团队活动中参与分享，能服从分工，认真聆听他人的不同见解，也乐于分享。

士：基本做到收集与整理课前资料、表明自己观点、展现自己；未能认真领会学习任务，构思一般、能形成文字；在团队活动中也会积极参与，能服从分工，认真聆听他人的不同见解，也乐于分享。

《历史·博思》课堂评价表

上课时间：_____　小组名称：_____
小组成员：_____　小组长：_____
本人姓名：_____　班别：_____　学号：_____

	自评	小组评	师评
学习过程中的表达交流	天子	天子	天子
	认真完成任务	表达清晰、流畅	观点独特

	自评	小组评	师评
课程活动中的参与效果	诸侯	天子	诸侯
	语速过快,听不清楚	语言幽默、互动性强	语速过快
团队活动中的合作分享	天子	诸侯	诸侯
	能合作	基本能合作	要学会欣赏和尊重别人的观点

（二）展示评价法

是针对学生课堂活动表现采取的等级评价方法。从中评选出两个奖项,分别是:1.最佳辩手:史论结合、观点鲜明、有说服力,从辩论赛中民主选出;2.思考小达人:能够切合课堂主题提出 5 个以上的有效问题。

（三）成果评价法

每人要完成一份历史作品,从中选出优秀作品 5 份。

优秀评价标准:作品有严整的结构,史论结合,有自己对历史事件的分析和理解。最好能有最新的历史发现支撑文章论点。文笔流畅,没有知识性错误。

（开发教师:黄丽玲）

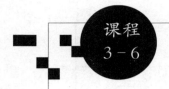

课程
3-6

英为爱说

一、课程概述

本课程旨在帮助学生培养英语学习热情，通过多听多说的英语环境提升学生英语表达能力，鼓励他们更自信地将英语运用于日常交流中。

本课程适合七年级和八年级学生，理念是：从多说到爱说，从爱说到流利说。具体而言，我们希望以该研究为切入点，对学生进行专业细致的发音指导，为学生创造运用英语的多元化活动环境，帮助和引导学生更好地锻炼听说能力，以期他们敢说、会流畅地谈论生活中常接触的话题，同时提高他们的听说成绩。

英语听说是学生外语习得中最基础的技能，是学生通过英语进行情感交流的重要方式，同时能够比较客观地反映学生的语言综合运用能力。但是在现实教学中，我们发现许多初中生害怕用英语表达自我，常出现不敢说、不想说甚至不会说的"哑巴英语"现象。他们在英语课上进行口头输出以及英语听说考试时都遇到了不同程度的困难：有的不懂得如何拼读单词，有的在模仿朗读时语音语调不够准确，有的在进行信息转述时要点不全、不够流畅。这些都反映出学生的英语听说能力普遍欠缺。另一方面，2016年广州英语中考进行了改革，其中，中考英语的听力与口语考试合二为一。学生不仅要进行模仿朗读，还要根据听力材料进行口头回答以及转述文章。改革后的中考听说更侧重在真实的情境中考察学生的听说能力，对学生的听说能力要求更高。根据广东省中高考官方指定合作伙伴启明公司反馈，听说中考测试采用的是电脑评分，在根据标准答案进行评分的原则下，学生的发音越标准，越能够被电脑准确识别，从而获得高分。因此，从备战中考的角度考虑，学生须有意识地强化自己的英语口语训练，掌握正确的语音语调，力求准确发音。

二、课程目标

1. 了解国际音标的发展历史，通过音标发音训练，感受到通过口、舌、唇等发声部位的变化可以产生不同的声音，学习做声音的主人。

2. 掌握国际音标的拼写和读音，学会根据音标拼读所有生词，体会到音标对于学习生词的重要性。

3. 通过模仿朗读，体验不同的语调所包含的不同感情；通过角色扮演，掌握运用不同的语调去展现自己感情的方法；同时，感受英语的音律美。

三、课程内容

本课程以初中英语牛津广州版教材为依据，以国际音标和贴近学生生活的话题为切入点，学生在掌握音标和语音语调技巧之后，通过多元化的英语口语活动，以不断地训练、强化口头表达能力。具体安排如下：

（一）国际音标

学生学习 48 个国际音标，包括 20 个元音和 28 个辅音，通过音标发音训练，体验到通过口、舌、唇等发声部位的变化所产生的不同声音。学完音标后，学生通过绕口令的方式来训练口部肌肉，学会把单词读准。在课程期间，接受教师一对一的发音纠正训练。在学完音标以及拼读规则之后，学生将掌握根据音标拼读单词的能力。

（二）英语语音语调

学生学习英语语音语调的技巧，例如：在朗读中，如何停顿，何时使用升降调。通过大量的模仿跟读训练，学生将学会如何正确地朗读文段，感受语言之美。

（三）电影配音

学生通过模仿经典电影片段里的人物语音语调，融入情境，体会到影片当中的感情态度，从而感受语言的魅力。

（四）角色扮演

学生选择英语经典故事进行自行改编以及角色扮演，通过戏剧锻炼语音语调及肢体语言，培养小组合作能力。

四、课程实施

本课程共 20 课时。系列一是国际音标，用时 5 课时。系列二是语音语调，用时 5 课时。系列三是电影配音，用时 5 课时。系列四是角色扮演，用时 5 课时。在授课过程中，主要采取以下教学方法：

（一）知识讲授法

在第一阶段的音标及语音语调的学习中，学生将通过教师的多元化演示进行学习。例如：在学习音标时，学生可以通过观看教师展示的音标操视频和音标卡，清楚地看到并感受到每个音标在发音时发音部位的变化，从而准确地读出每个音标。

（二）模仿表达法

教师将会在课堂上通过播放各种各样经典的英文电影片段，让学生进行语音语调模仿。例如：在播放精心截取的英文卡通片段时，让学生以小组合作形式进行配音模仿，从而体验如何用不同的语调表达情感，让说英语变得更加有趣和灵动。

（三）合作学习法

教师将会布置不同的合作任务，让学生通过合作完成相关学习任务。例如：教师将会布置经典英文故事改编及演绎的任务，学生通过多样化的学习手段，如利用网络资源，搜索他们感兴趣的故事，并通过小组沟通合作改编，进行课后合作排练，最终在课堂上能成功演绎经典英文故事。

五、课程评价

在评价思想上,注重以生为本、多元评价。结合本门课程三种主要课堂实施手段,教师将会从学生不同方面的表现或测试中进行评价。将形成性评价和终结性评价相结合,包括小组间评价、教师评价两个部分。具体做法如下:

(一) King of Phonetics(音标之王)

学生要准确读出 48 个国际音标,并能准确读出所给的英文词和绕口令句子,最终选出"音标之王"。

(二) The Most Beautiful Voice(最美声音)

参照中考英语听说考试"模仿朗读"题型,通过启明电脑听说测试平台,学生在听完模仿朗读后,准备模仿并朗读短文,最终选出前五位"最美声音"。

(三) The Sound(声临其境)

学生通过小组合作,给经典英语电影片段配音,最终选出前三组"最形象配音"小组。

(四) I am an Actor/Actress(我是演员)

学生通过小组合作,选取英语经典戏剧或寓言故事,并自行改编,最终在英语课堂上演绎出来。根据学生表现选出"最佳剧本"、"最佳导演"、"最佳男女主角"、"最美配音"等奖项。

在每项比赛中,除了进行评奖之外,还会对每位同学进行综合性的观察与评价,以"☆"的数量作为评价的标准。

☆☆☆:表现出色,能够积极完成该项任务。

☆　☆:表现尚好,能够完成该项任务,并有完整的成果汇报。

☆　　:表现一般,没能完成该项任务,成果有待完善。

学生的总成绩将会以在每项测试中收集到的星星数量为主,最终拿到 22 颗以上星星的学生为优秀,18—21 颗星星为良好,14—17 颗星星为合格。

《英为爱说》课程评价表

评价项目	音标之王	最美声音	声临其境	我是演员	总计
小组间评价					
教师评价					
合计	本课程共收集_____颗☆				

（注：小组间评价是整个小组成员得到同一个评价等级）

（开发教师：江晓玲、王凯洁）

第四章

Experience：科学体验之家课程

科学探索永无止境。在历史的长河中，许多大胆的猜想，都随着科学的发展而被证明、被实现，这让我们坚信，看不见的世界，不是幻影，而是被科学之光照耀的存在。对科学的向往与追求，促使我们不断地探索真理，进而更加深刻地认识世界。我校课程以丰富的科学知识为载体，引导学生探宇宙之律，悟万物之道，明思辨之理，生创新之力，培养理性的自主少年。

"纸上得来终觉浅，绝知此事要躬行"。一是在学习过程中"要躬行"，在学习过程中的动脑、动手、动嘴就是学生的一种"躬行"。二是获取知识后还要"躬行"，要通过社会实践去检验已学的知识，把书本知识化为己有，为己所用，同时巩固、深化已学的知识。

从学生熟悉的日常生活出发，科学体验活动与生活中的实际应用相联系。比如，生物的《植物王国的奥秘》《人体漫游》，通过真实又有趣的探秘体验，让学生在活动过程中理解科学概念，掌握科学方法，培养科学态度。在活动中学习科学，既是课程内容本身的要求，也符合中学生认知发展的阶段性特征。又比如物理的《趣味物理创意和设计》，学生通过亲自收集数据，参与实证、讨论和辩论，建构和理解主要的科学概念；体会人类通过观察、实验和推理来获取正确知识的过程，了解科学知识是相对稳定并不断发展进步的。

科学是以多样统一的自然界为研究对象的探究活动。科学探究不仅涉及逻辑推理和实验活动，同时还是一个充满创造性思维的过程。学生亲身体验参与科学活动，进一步理解和培养科学精神，学会尊重事实，尊重和欣赏不同的意见，养成科学的生活方式，并对科学技术与社会的关系有基本的了解。科学体验课程侧重培养学生的科学思维能力、动手能力、创新能力、艺术表现能力和运用科学语言进行表达和交流的能力，并引导学生敢于尝试去解决实际的问题。

尝试打破单一学科界限，多思维灵动融合。科学体验之家课程超越学科的界限，统筹设计，整体规划，强调各学科领域知识的相互渗透和联系整合，综合物理、化学、生物、地理、信息、特色综合实践等学科，学生在实践活动过程中手脑并用，全面激发了学习兴趣和对新知识探究及创新的潜力，培养了科学思维能力、动手能力、创新能力、艺术表现能力。同时，小组合作的教学形式可以锻炼学生的团队协作能力、沟通能力和处理问题的能力。此外，学生能够较为全面地关注和分析与科学技术有关的社会问题,获得对科学、技术与社会关系的理解。

根据不同年级学生的年龄特点和认知水平,科学体验之家开设了物理、化学、生物、地理、信息、博识讲堂、企业参观、走读系列、家长沙龙、亲子活动、特色综合实践等课程。目光所及之处皆是学习场所。科学体验之家课程实施将校内体验与校外体验互相结合。

校内科学体验之家课程将通过科学探究的学习方式,让学生体验科学探究活动的过程和方法,发展初步的科学探究能力。课程内容以动手体验、操作为主,同时也有理论知识的渗透和引导,教学过程呈螺旋上升状态。首先,对日常生活中的问题进行研究,教师讲授本课程的基本理论知识,学生获取知识后内化并应用。教师从学生的生活常识和生活经历切入,引导学生观察现实生活中的现象,培养学生的兴趣,提高学生的参与度。其次,教师创设宽松自由的学习环境,让学生参与到科学学习当中,提供公平的学习机会,满足不同的学习需要和不同文化背景下学生的需要。再次,在活动中培养学生的科学探究能力和创新意识。学生小组合作交流,完成探究体验活动,教师对教学活动进行恰当的评价,促进学生进行更高层次的科学学习。最后,学生运用所学知识,解决日常生活中的问题,进一步对知识进行巩固和提升,培养科学态度和科学精神。

校外科学体验通过企业参观、科技活动、走读系列、家长沙龙、亲子活动等课程活动拓宽科学教育领域,整合各种资源,实现学校、家庭、社会三结合。结合丰富的科技教育社会资源,如高校、科研院所、科技馆、企业、社会团体等社会资源单位,构建更具开放性的教与学的模式,为学生提供丰富的体验、合作、探究类学习活动,开阔学生的科学视野,让学生从多角度享受社会资源,从多方面体验科学活动,有助于学生知识的迁移和学习能力的发展。

科学体验之家课程将原本单一的科学学科有机地融合,既有校内的综合基础科学课程,也有校外的高新科技探索;既有科学的严谨和果断,又有轻松活泼的有趣体验;既提供创造创新的机会,也能有沉心慎思的时间。我们相信,学生在实践中能够不断接受新思想,吸纳新知识,抓住新机遇,创造新成果。

(撰稿者:罗蕴怡)

课程
4-1

生物探秘

一、课程概述

本课程以植物、动物、人体等生物学基本知识为基础,从学生的生活常识和生活经历切入,引导学生观察现实生活中的生物现象,发现生物学问题,通过提出问题、做出假设、制定计划、实施计划、得出结论和交流展示等探究环节,培养和发展学生的核心素养。

本课程旨在引导学生通过对生活中的生物学问题进行探究,学会设疑——提出问题,培养学生的问题意识;学会质疑——独立判断,培养辩证分析问题的能力;学会解疑——大胆尝试,培养积极寻求有效的解决问题方法的能力;学会迁移——运用科学思维方式认识事物,培养理性思维能力。

本课程适合七年级和八年级学生,其理念是:体验发现乐趣,探究生物奥秘。生物学作为以实验探究为主要研究方法的学科,在博识课程的设计中,从生物学基本知识切入,结合学生生活常识和生活经历,引导学生发现现实世界的生物学问题,针对特定的生物学现象,让学生进行观察、提问、实验设计、方案实施、结果的交流和讨论。

二、课程目标

1. 初步了解生物探究活动的基本流程,掌握探究活动的基本步骤和方法,探究生活中的生物奥秘,树立热爱自然、保护生态的意识。

2. 掌握撰写探究活动报告的要领,能阐述生活中常见的、简单的生物问题,经历解密自然的探究乐趣,体验共同探究的经历。

三、课程内容

　　本课程以七年级和八年级人教版生物学教材为依据,从学生生活常识和经验切入,在课程开展之前,设置"探究储备"体验内容。其目的是让学生做好知识、技能的储备,了解探究的基本流程和步骤以及生物实验常用的器材和使用方法,为以后的课程开展做好准备。"探究储备"具体包括三部分:第一部分"兵器大全",熟悉实验器材名录,如显微镜、放大镜、温度计等;第二部分"点兵点将",了解实验器材使用方法,如天平、量筒、研钵、滴管等;第三部分"探秘花青素",体验探究实验的基本流程:观察紫色蔬果,发现共同点,提出问题;验证花青素在酸性、碱性和中性环境下呈现不同颜色;利用花青素显色的原理,调配"鸡尾饮料";利用花青素抗氧化的特性,自制抗衰老面膜。在学生了解和掌握探究活动必须的实验器材和使用方法,以及探究的基本流程后,引导学生开展探秘生物的课程活动,具体内容分为植物世界、动物王国、人体漫游三个部分。

　　(一)植物世界

　　探秘植物的根吸水、茎疏导、叶蒸腾等生理活动的原理,理解生活中树木移栽、合理施肥等生产生活的现象,并将原理运用到生活中,如制作凉拌菜、七色花等。"植物世界"包括五部分:第一部分"根吸水的奥秘",观察细胞的结构,观察"质壁分离"现象;探究细胞吸水、失水的原理;运用细胞吸水、失水的原理制作美味凉拌菜。第二部分"茎疏导的奥秘",观察移栽树木时搭建荫棚的生活现象,观察茎的横切片和纵切片的显微结构,探究茎疏导的原理;利用茎疏导的原理,自制七色花。第三部分"叶蒸腾的奥秘",观察移栽植物修减掉大部分枝叶的生活现象,观察叶的显微结构;探究叶蒸腾作用的原理;利用原理创新设计观察蒸腾作用的对照实验装置。第四部分"果实形成的奥秘",解剖和观察花和果实的结构;探究花和果实之间关系,了解果实形成的奥秘。第五部分"种子成分的奥秘",实验探究种子的成分,了解种子中的营养成分;揭示生活中的种子贮藏等现象。

（二）动物王国

探秘动物器官、系统进化的奥秘，理解动物的适应性和动物的进化，并将所学知识运用到生活中，提高生活技能。"动物世界"包括八部分：第一部分"探秘软体动物"，解剖和观察河蚌等软体动物，归纳软体动物的主要特征；探究生物的适应性问题；解读生活现象。第二部分"探秘环节动物"，解剖和观察蚯蚓等软体动物，归纳环节动物的主要特征；探究生物的适应性问题；探究蚯蚓的再生；解读生活现象。第三部分"探秘节肢动物"，解剖和观察小龙虾、蝗虫等节肢动物，归纳节肢动物的主要特征；解剖和观察蝗虫口器的结构，探究生物的适应性问题；解读生活现象。第四部分"探秘鱼类"，解剖和观察鲫鱼等动物；观察呼吸、消化、循环等系统中各器官的结构，探究生物的适应性问题；解读生活现象。第五部分"探秘两栖动物"，解剖和观察青蛙等动物；观察呼吸、消化、循环等系统中各器官的结构，探究生物的适应性问题；解读生活现象。第六部分"探秘爬行动物"，解剖和观察龟等动物；观察呼吸、消化、循环等系统中各器官的结构，探究生物的适应性问题；解读生活现象。第七部分"探秘鸟类"，解剖和观察鸽、鸡等动物；观察呼吸、消化、循环等系统中各器官的结构，探究生物的适应性问题；解读生活现象。第八部分"探秘哺乳动物"，解剖和观察家兔等动物；观察呼吸、消化、循环等系统中各器官的结构，探究生物的适应性问题；解读生活现象。比较各类动物的呼吸、消化、神经、循环等器官和系统结构的异同，探究生物进化历程和生物的适应性。

（三）人体漫游

探秘人体呼吸、消化、循环、神经系统等生理活动的奥秘，感受并理解人体生命的奇妙，并将原理运用到生活中，如鉴别食物的真伪等。"人体漫游"包括五部分：第一部分"气体交换的奥秘"，解剖和观察猪肺等器官的结构，探究肺适合气体交换的特征；探究生物的适应性问题。第二部分"消化之谜"，解剖和观察猪胃、猪肠、胰腺等器官的结构，探究消化、吸收营养物质的特征；探究生物的适应性问题。第三部分"血色之谜"，观察和探究血红蛋白与氧气或二氧化碳结合或分离时颜色的变化，解释生活现象。第四部分"运动之谜",观察、解剖骨、关节和骨骼肌的结构；探究运动系统的功能和适应性；探究人体运动奥秘。第五部分"探秘反射活动",制作和观察腓肠肌神经肌肉标本,探究反射活动的奥秘。

四、课程实施

本课程共 40 课时,具体安排如下:系列一"探究储备",用时 4 课时。系列二"植物世界",用时 10 课时。系列三"动物王国",用时 16 课时。系列四"人体漫游",用时 10 课时。

本课程以探究实验为实施的主要形式,课程需准备生物实验常用仪器、器材和材料。仪器包括显微镜、解剖镜、放大镜、水浴箱等。器材包括试管架、pH 试纸、滤纸、玻璃棒、天平、温度计、量筒、研钵、三脚架、石棉网、酒精灯、火柴、漏斗、烧杯、试管等。材料包括洋葱、紫包菜、紫葡萄、紫薯、菠菜、白菜、青瓜、玫瑰花等。本课程具体实施方法如下:

（一）知识讲授法

教师讲授和本课程相关的植物、动物、人体等形态、结构、生理等生物学基本知识。

（二）实验探究法

在教师引导下,从学生的生活常识和生活经历切入,引导学生观察现实生活中的生物现象,如移栽树木要带土移栽,移栽后给树木打吊针、做凉拌菜时会有水渗出等。从生活现象中发现问题、提出问题,进而做出假设,制定计划、实施计划,得出结论并交流展示,完成实验探究的各个环节。

（三）讨论探究法

通过学生小组的交流讨论,完成探究实验的创新设计,材料和装置的改进,实验数据的处理,得出实验结论的探究活动。

（四）小组辩论法

通过分组设置正方反方,围绕转基因食品、克隆技术等主题设计辩题,以辩论的形式,探讨生命现象,剖析社会问题,培养热爱自然、保护生

学校课程框架的建构
HOME 课程的旨趣与架构

态的情感。

五、课程评价

在评价思想上,注重以生为本、多元评价;坚持激励性评价、过程性评价;关注个性评价、特色评价。本课程在评价方式上,要求做到形成性评价和终结性评价有机结合,自评、生评和师评合理结合。具体有以下评价方式:

(一)终极 PK

对学生课程活动的参与和落实情况,包括学习任务单中要求的观察、探究等完成的效果进行评价。期末以纸笔测试的形式,就本学期课程中的知识性内容进行达标测试。分数作为"专家认定"的参考积分。

(二)一站到底

以每一节课为一"站",在课堂上就探究活动的几个环节——观察、提问、假设、计划、实施、结论和交流的实施情况及结果进行学生自评、同伴互评和教师评价,记入积分表。期末计算各"站"的积分,作为"专家认定"的参考积分。

	探究活动						
	观察	提问	假设	计划	实施	结论	交流
自评							
生评							
师评							
合计							

每节课以探究活动的一般过程——观察、提问、假设、计划、实施、结论、交流等环节做阶段性评价。课堂评价以积分制计算。

1. 基本达标(1分):探究活动的各个环节能顺利完成,实验效果达标。

2. 出色完成（3 分）：顺利完成探究活动，且能设计周密的实验探究计划并实施。

3. 富有创意（5 分）：顺利完成探究活动，且能改进实验方法，提出独特见解。

（三）专家认定

期末将课堂"终极 PK"和"一站到底"的评价结果进行综合评估，评出各类别的"专家"，予以认定表扬。

1. 观察家：具有敏锐观察能力，善于同中辨异、异中求同。

2. 问题专家：善于提出问题，提出有探究意义的问题。

3. 科学家：善于设计实验，实施探究计划，得出实验结论。

4. 解说家：善于阐述实验原理，交流心得体会。

（开发教师：周建湘、李　瑜）

课程
4-2

趣味物理创意和设计

一、课程概述

物理作为一门自然科学,源于自然又作用于自然,人通过研究自然,从而获得运用自然的能力。物理规律、现象可以说在我们生活中无处不在。通过小学科学课程学习,学生对科学已有浅层的了解,他们的内心也因此充满了好奇心和求知欲;初中二年级学生,通过对物理学科的学习,对基本的科学概念已有所认识,且从感性认识逐渐上升到理性认识。

本课程的课程理念是:源于生活,用于探究,学以致用,促进发展。课程适合八年级学生,充分迎合学生对物理知识及现象的好奇心,让学生接触更为有趣的物理现象及实验,使学生保持对科学的热爱,开阔学生的科学视野,培养学生探究能力、创新意识以及正确的科学态度和科学精神。在课程设计中,注重课程内容与学生生活、现代社会和科技发展的联系,关注技术应用带来的社会进步和问题,培养学生的社会责任感和正确的世界观。在教学过程中使学生得到更加全面的发展,提高学生的科学素养,以应对未来社会的挑战。

二、课程目标

1. 了解物理研究方法和探究步骤,对物理探究产生初步兴趣;

2. 掌握研究一个物理问题的过程与方法,培养良好的科学态度和科学精神;

3. 体验物理探究、实验设计等过程,提高探究能力和创新意识。

三、课程内容

本课程主要内容是对日常生活中的物理问题进行研究，分析原理，获取知识，内化并应用，呈螺旋上升式的学习状态。具体包含以下三个版块：

（一）生活中的物理

主要内容是通过观看科普音像资料、网络趣味物理微视频，让学生动脑研究、动手制作常见或创意玩具，如纸飞机、各类型乐器等。在学习常见的物理研究方法的同时，强化动手制作、个人创造的能力，培养学生的兴趣，提高学生的参与度。

（二）有趣的物理实验

主要内容是在所学物理知识的基础上，适当拓展，开展几个有趣的物理研究、制作和设计活动。在教师的指导下进行分组，用橡皮筋制作简易测力计，研究物体的弹性，验证并运用胡克定律，最后进行检验测力计精准度的小组竞赛；研究单摆的摆动规律，制作一定周期的单摆，以进行小组间单摆精准程度的竞赛，最后共同了解伽利略对单摆的研究故事。

（三）生活中的物理问题

主要内容同样是以小组为单位，组内思考几个日常生活中遇到的物理问题，并对此展开研究。教师可提供几项问题以供学生参考，比如：在吃饭时发现花生油漂浮于酱油之上，为什么会出现这样的现象？了解厨房中油酱醋等调味料的密度，利用实验室提供的天平、量筒等器材进行测量，撰写实验报告，小组交流，互相评估实验过程；发现可乐和普通矿泉水在冰箱内结冰的时间不同，研究盐水等混合液体的凝固点的不同，利用冰箱，研究盐水、糖水等日常生活中的混合液体的凝固点，并在交流中获得一些启发。

四、课程实施

本课程共 24 课时。学生以小组合作的方式开展活动,每组约 2—3 人。具体实施方法如下:

(一)观摩学习法

第一部分是通过观看科普音像资料、网络趣味物理微视频,让学生感受各类有趣的物理实验现象,了解物理与学生生活、现代社会和科技发展的关系,培养学生对物理的兴趣。同时,学习并模仿视频资料的实验方式进行制作和实验,初步掌握物理的研究和实验方式。

(二)合作探究法

让学生分组进行课题探究和制作竞赛,按照教师提供的探究题目进行探究交流。小组内分工合作,设计实验收集数据,进行数据的处理和分析,最后设计和制作出小组作品进行展示比赛。

(三)创意研讨法

让学生以小组为单位进行实验创新,思考日常生活中有哪些问题想要解决,讨论研究方向,讨论实验设计,确定探究实验后进行实验或制作,最后进行汇报和展示。在解决问题的过程中既能巩固知识、增长见识,让知识得以巩固和提升,又能培养学生的问题意识、科学态度和科学精神。

五、课程评价

(一)竞赛式评价

对各小组制作的作品进行测试,比较各作品测量或周期精度,以精确度高低进行排名。作品测量误差 5％以内为优秀,5—10％以内为良好,10—20％以内为合格,大于 20％为不合格。

(二)展示性评价

各小组通过制作海报、课堂 PPT 或视频展示创意探究实验的项目及结果,由各小组学生进行投票,每个学生可以投选最富创意小组、实验设计最合理小组、最佳合作小组、最具潜力小组,每个类别挑选两个小组,最后进行统计,得票高的获得该项称号。

(开发教师:凌劲桦、庞珍玲、黄翩篇)

課程
4-3

航空模型

一、课程概述

    航空模型教学是一种科技教育,也是一种国防教育,航空模型学习是科教兴国的重要途径,能够为未来科技竞争打下良好基础。学生在航空模型学习的过程中,会逐步学会正确地观察和分析,逐步提高思辨能力和认识水平,从而萌发出高尚的为人民服务、为科学献身的远大理想。航空模型的设计制作,符合青少年好奇、好动、好胜的心理特征,活泼新颖,富有时代气息,使青少年接触到从空气动力到材料结构等广阔的知识,学会从加工工艺到调整试飞等有关技能,能够进行从现实飞机到新型飞机的创造构思。青少年在实践活动中获得积极的情感体验,通过自己的发现享受创造的喜悦,或在克服困难中体察到自身的价值和满足感,培养自主、自立、自信、自强、自律等优秀品质。

    本课程融科学和竞技为一身,动手和动脑为一体,有利于培养学生坚强的毅力和开拓的精神,培养他们的细心和耐心,使他们形成做事严谨的科学态度。通过学习制作试飞,增长学科学、用科学的兴趣,提高动手能力及创新意识,使他们具有克服困难勇于进取的品质,以及互助协作的团队精神。

    本课程理念是:天空很辽阔,我们一起飞。本课程适合七年级的学生,为学生提供一个充分展示才能和想象力的舞台,提供一个开发智力和培养能力的好机会,也激发学生参与活动的积极性。通过亲身实践,学生能够更多地了解科学知识在生产实践中的应用,从而产生积极情感,逐步形成在日常生活学习中敢于质疑、乐于探索、努力求知的心理状态。

二、课程目标

1. 了解飞机的大体结构,知道飞机升空原因,学会调节尾翼、机翼,控制模型飞机的姿态,掌握利用航空航天模型飞行技能,感受航空航天模型飞行运动的魅力。

2. 学会仔细辨别材料,掌握工具的使用方法,能够清楚完成产品的工艺过程,锻炼观察力、思考力、动手力、耐力和毅力,同时增强自信心,以科学严谨的态度对待工作和学习,体验动手带来的乐趣。

3. 巩固物理、化学等课堂知识,了解空气动力学机械学、平面设计等多种学科知识,扩大知识领域,通过实践加深对理论课的认识和理解。

三、课程内容

本课程共分为理论课和实践课两个部分。

（一）理论课

理论课包括航空与航空模型发展史、航空模型的分类、航空模型的原理、航空模型的应用、航空模型比赛介绍、模型飞机各部分名称及作用、常见的各种翼型对升力的影响、上反角的作用、简单气动小实验、飞机重心对飞行姿态的影响、遥控飞行安全教育、飞行空域的选择与识别等。

（二）实践课

实践课分为室内实践课和户外实践课。室内实践课包括无线电遥控、机床与激光切割机,手工、电子控制系统的使用方法等。其中,无线电遥控主要是模拟器的练习,包括模拟器的连接与调试、遥控技术的入门、电子控制设备的了解、制作材料的准备。机床实践课主要是识读图纸、按照图纸要求切割制板、完成切板。手工的学习内容包括打磨边缘、胶布补强、将各部分胶粘成整体、泡沫胶补强、检查并连接各部分零件,最终完成机身制作。电子控制系统设备的安装与调试主要内容包括电池与充电器的维护,接收器与通道连接,舵机、摇臂、连杆的制作与连接,马达与螺旋桨的合理选择与安装、重心调整。

户外实践课包括整机的调试与试飞、操控练习、教练带飞、单向航向练习、左右转航线练习、左右转航线巩固练习、四方航线练习、起飞与降落练习、水平八字航线练习、水平八字航线巩固练习、倒飞练习、水平翻转练习、组合动作练习、编队表演练习、进阶动作练习等。

具体上课训练内容会根据学习掌握情况及大型赛事活动进行更改调整。

四、课程实施

学生将在教师的指导下按照使用→制作→设计的思路,先后学习独立遥控模型飞机及航拍飞行器、制作简易航空模型、设计改进航空模型。教学对象为七年级学生,需要 36 课时。在课程开始前确定参加本课程的学生需要购置的遥控器、航模设备及常用工具。综合实践课一般会进行理论知识讲解或实操示范,中午训练多为模型制作及飞行训练。选择该课程的学生须保证每周四午休时间的训练。具体教学方法如下:

（一）知识讲授法

在课程实践课开始前,必须先讲解理论知识,为实践课打下基础,使学生对航空模型、外场环境及飞机可能遇到的情况都有基本了解。主要讲授航空模型的基本知识、飞机的大体结构、飞机升空原因、尾翼和机翼的作用、模型飞机的姿态。

（二）操作练习法

在校园操场或者广场上,教师演示带飞,演示各种操作对飞行效果的影响,并现场讲解分析原因,使学生学会规范操作,了解模型飞机的各种姿态。

（三）同伴教学法

鼓励学生之间"传帮带",在互帮互助下共同成长。高年级的学生已经掌握基本的知识和技巧,在操作练习中,让他们对低年级的学生进行教学,能够提升高年级学生的经验和技术,加深他们对航模飞行的理解,同时树立榜样作用,使低年级学生更积极地学习。

五、课程评价

本课程根据学生平时训练的积极性、学习成效、比赛成绩对学生进行评级,包含过程性评价、激励性评价和个性特色评价。评价主要从以下三方面进行:

(一)良好习惯

参考学生训练考勤和训练表现。每次准时上课,维护好自己的飞机与工具,在平时学习的过程中乐于助人,具有良好的工具使用和维护习惯的学生会被适当加分。

(二)积极飞行

按照遥控航空模型飞行员等级考核的标准,鼓励学生实践更高等级的飞行目标,如学生积极参加比赛,在比赛中获得名次和奖项的学生会给予适当加分。

(三)创意优秀

在模型设计和制作方面有探究、创新精神,有自己的想法,高质量完成教师布置的设计项目的学生会给予适当加分。

(开发教师:赖建青、陈镜钊、屈娴君)

趣味化学

一、课程概述

化学是人类认识和改造物质世界的主要方法和手段之一，它是一门历史悠久而又富有活力的学科，与人类进步和社会发展关系密切，它的成就是社会文明的重要标志。在与物理学、生物学、地理学、天文学等学科的相互渗透中，化学学科不仅得到了迅速的发展，也推动了其他学科和技术的发展，成为高科技发展的强大支柱。

作为一门研究物质组成、结构、性质以及变化规律的基础自然学科，人们掌握和应用它，对于工农业生产、科技、能源、社会、环境及人类生活的进步发展都将产生十分重要的作用。在初中开设化学类博识课程有助于学生拓宽视野，初步了解物质性质，感知化学变化，体验实验探究过程，提升科学核心素养，能够为学生九年级的学科学习，乃至今后的化学或其他理科学习奠定基础。

本课程理念是：趣感变化之美，乐究物质奥秘。课程适合九年级的学生，学生在《趣味化学》的课堂中首先感受神奇的化学反应，在教师讲授、自主学习、互动交流了解实验或活动后，亲自体验和探究趣味实验，再根据实验过程和现象得出结论，并在教师或参考资料的指引下，探究物质变化的奥秘，发展科学核心素养。

二、课程目标

1. 了解常见的化学元素和物质，初步掌握物质性质和反应原理。
2. 会规范操作基本的化学仪器，会观察和记录化学反应现象。
3. 能从实验现象中得出合理结论，初步确立学科兴趣与情怀。

三、课程内容

本课程内容主要选取一些效果突出、操作性强、较为安全且受青少年朋友欢迎的趣味化学实验或活动开展,分为"化学与生活"、"元素探秘"、"化学魔术揭秘"、"化学游戏"等四个模块。

（一）化学与生活

包括日用洗涤剂与校服除污小窍门,净水小卫士及水污染调查（周边水环境调查,净水方法搜索,净水实验）,利用紫牵牛花、紫甘蓝、花心萝卜等自制酸碱指示剂等课题。

（二）元素探秘

包括氢元素——世上最轻的气体和兴登堡飞艇空难解密;碳元素——庞大的家族和温室效应;氧元素——供给呼吸的仙气和长征火箭;硅元素——化学"果冻"和高新材料的基石等课题。

（三）化学魔术揭秘

包括揭秘"白开水变红葡萄酒,红葡萄酒变汽水",大象牙膏与牙膏中的化学,晶体长出水中"珊瑚礁"花园,吹气生火和滴水生火等课题。

（四）化学游戏

包括玩转 520 化学开胃菜,玩转 520 化学大富翁,玩转 520 化学翻翻乐和争上游,玩转 520 化学桌游等活动。

四、课程实施

本课程根据"趣味入手,科学探究"原则实施。课程实施前要准备与课程配套使用的校本教材和学案（如校本教材 W 探秘和 520 化学桌游）,与课程配套的多媒体课件和影音素材,课题所需的实验仪器和化学药品。本课程为博识课程选修课,主要面向八年级学生开设,小班化教学,人数不超过 20 人。本课程每学期需用 10 课时完成教学任务,整个学年

学校课程框架的建构
HOME 课程的旨趣与架构

需用 20 课时。具体教学方法如下：

（一）讲授讨论法

教师演示生活中的现象或讲授化学故事，甚至以化学魔术表演开场，环节呈现完毕后抛出问题，学生小组间讨论后给出自己的见解。学生在做实验或活动过程中进行交流和讨论，完成实验和活动后教师对学生的实验和活动进行过程性评价和补充讲授。

（二）视频教学法

教师播放与课题相关的视频，帮助学生在较短时间内了解物质的性质，直观了解探究实验的操作方式，拓宽科学视野。

（三）探究分享法

学生按照教师和学案的指引进行探究实验，初步学会针对探究过程、现象与结论予以表述和书写，并能把探究过程与结果分享给同伴。

五、课程评价

本课程采用多元评价的方法，注重过程性评价，各种评价方式得分占比为：过程性评价 40%、展示性评价 20%、评选性评价 20%、测试性评价 20%。各项得分相加得到总分，满分 100 分。具体评价方法如下：

（一）过程性评价（40%）

该评价方式用星级表示，五星（☆☆☆☆☆）优秀，四星（☆☆☆☆）良好，三星（☆☆☆）一般，两星（☆☆）合格，一星（☆）不合格。评价项目包括预习是否到位，学案纸笔回答是否认真，课堂上互动是否充分，实验或活动参与、合作和服从度，实验或活动操作是否规范，实验或活动完成度是否达标，活动探究力和创新力等。该评价由组员评价和导师评价两部分组成，每次课程结束后，同组组员在学案表格相应位置上作评价后上交，导师再评价，最后换算成分数给出综合评定，满分 40 分。

表 1 《趣味化学》过程性评价表

项目	组员评价	导师评价	综合评定
预习是否到位			
＊能够在学案"问题导入"和"学习材料"等环节中充分阅读理解可给五星,其他情况酌情扣减	☆☆☆☆☆	☆☆☆☆☆	
纸笔回答是否认真			
＊能够认真完成学案所有问答可给五星,其他情况酌情扣减	☆☆☆☆☆	☆☆☆☆☆	
课堂互动是否充分			
＊能够在本课中至少一次主动回答导师提问可给五星,其他情况酌情扣减	☆☆☆☆☆	☆☆☆☆☆	
参与、合作、服从			
＊能够在实验活动中合作完成并服从安排可给五星,其他情况酌情扣减	☆☆☆☆☆	☆☆☆☆☆	
实验操作是否规范			
＊能够在实验活动中规范操作可给五星,其他情况酌情扣减	☆☆☆☆☆	☆☆☆☆☆	
探究力和创新力			
＊能够提出实验活动不同于本课的探究方案并获准实验可给五星,其他情况酌情扣减	☆☆☆☆☆	☆☆☆☆☆	
实验或活动完成度			
＊能够顺利完成实验活动可给五星,其他情况酌情扣减	☆☆☆☆☆	☆☆☆☆☆	

（二）展示性评价（20％）

该评价方式用星级表示,五星（☆☆☆☆☆）优秀,四星（☆☆☆☆）良好,三星（☆☆☆）一般,两星（☆☆）合格,一星（☆）不合格。评价项目包括向教师及同伴展示课程作业、学习成果,小组实验、活动结论,活动心得、体会等。该评价由组员评价和导师评价两部分组成,每次课程结束后,同组组员在学案表格相应位置上作评价后上交,导师再评价,最后换算成分数给出综合评定,满分 20 分。

表 2 《趣味化学》展示性评价表

项目	组员评价	导师评价	综合评定
作业、成果			
＊主动展示和描述成果可给五星，其他情况酌情扣减	☆☆☆☆☆	☆☆☆☆☆	
实验、活动			
＊顺利完成实验和活动可给五星，其他情况酌情扣减	☆☆☆☆☆	☆☆☆☆☆	
心得、体会			
＊认真写完学案的各项回答可给五星，其他情况酌情扣减	☆☆☆☆☆	☆☆☆☆☆	

（三）评选性评价（20％）

该评价方式用荣誉认定的方式表示，在每学期末教师根据本学期同学们在博识课程中的表现，给予符合要求的同学以特定头衔，有"细致的观察家"、"睿智的问题家"、"严谨的科学家"和"善辩的演说家"四个头衔，每个头衔又分为三个等级——钻石级、铂金级、青铜级，分别对应的分数为 20 分、15 分、10 分。

表 3 《趣味化学》评选性评价表

荣誉头衔	头衔级别	头衔描述	头衔分值	学生分值
细致的观察家	钻石级	具有敏锐的观察能力，每学期有三次及以上主动提出观察发现并能在学案里准确描述。	20	
	铂金级	具有较强的观察能力，每学期有一到两次提出观察发现并能在学案里准确描述。	15	
	青铜级	具有一定的观察能力，每学期能够在学案里准确描述自己的发现。	10	
睿智的问题家	钻石级	善于提出问题，每学期有三次及以上主动提出有探究意义的问题。	20	
	铂金级	善于提出问题，每学期有一到两次能够提出较有价值的问题。	15	
	青铜级	能够提出问题，每学期有一到两次可尝试提出具有一定意义的问题。	10	

荣誉头衔	头衔级别	头衔描述	头衔分值	学生分值
严谨的科学家	钻石级	善于设计实验和规范操作实验,每学期中所有实验活动能够顺利完成并得出可靠的结论。	20	
	铂金级	每学期至少有五次能够比较规范地进行实验并得出可靠的结论。	15	
	青铜级	每学期至少有三次能够在导师指引下比较规范地进行实验和得出结论。	10	
善辩的演说家	钻石级	每学期至少三次主动阐述原理,每次都能在同学面前大方得体交流心得体会。	20	
	铂金级	每学期能够有一到两次主动阐述原理,每次都能在同学面前清楚表达心得体会。	15	
	青铜级	每学期若导师点到,能够在导师指引下阐述合理实验原理和表达心得体会。	10	

（四）测试性评价（20％）

该评价方式用纸笔测试方式进行,每学年末教师出试卷给学生进行测验,测试内容涵盖博识课程内的相关知识,同时考察学生的探究能力、文本阅读能力、解决问题能力,满分 100 分。考完试后由教师进行改卷并评分,最后将分数折算为总评 20％的分数进行评定。

学年末将学年多元评价的分数相加得出具体分数,并根据博识课程体系给学生评定相应的学分,完成该生学年的评价。

（开发教师：周群力）

课程
4-5

仰望星空

一、课程概述

天文学是自然科学的六大基础学科之一,是人类在认识大自然的过程中最早发展起来的两门学科之一。康德的墓碑上有一段铭文:世界上有两样东西深深地震撼人们的心灵,一是我们心中崇高的道德标准,另一样是我们头顶上灿烂的星空。自古以来,浩瀚的宇宙一直吸引着人们不断探索,进而推动了人类文明的发展。我国基础天文学教育相对落后,观测基础设施不完善,学生动手操作能力弱,因此,在中学阶段普及天文知识,激发学生对天文的兴趣有重要意义。

本课程理念是:开拓视野,探索宇宙。主要通过动手绘图、制作模型、夜晚观测等方法去了解宇宙的基本知识及掌握探索宇宙的方法,从而激发学生的求知欲,提高学生独立思考、小组合作的能力,培养正确的宇宙观和世界观。

二、课程目标

1. 初步了解天文学基础知识,解释部分天文现象发生的原理,感受宇宙的浩瀚与神秘,产生探索宇宙的兴趣。

2. 掌握简易望远镜的基本操作方法,进行夜晚观星活动及某些天文现象的观测,养成观测和记录的习惯。

三、课程内容

本课程主要内容是天文学基础知识和简单的天文观测方法。具体包括以下内容：

（一）基础知识

主要内容包括恒星、星系和宇宙的基本知识，北半球常见的星座，天体周日视运动和太阳周年视运动基本概念和简单应用，太阳系及其成员，天体的大小和距离尺度，光学天文望远镜的基本概念、历法。

（二）天文观测

北半球常见星座的辨认，月相、日月食、流星雨等天文现象的观测。

四、课程实施

本课程实施之前应该有所准备，编写仰望星空课程配套使用的教材，制作相应的多媒体课件，购买教具。在课程实施过程中要注意以下三点：一是确保学生在夜晚野外观测的安全以及保暖防蚊等；二是提醒学生注意保护教学器材，轻拿轻放，避免出现损坏的情况；三是科学性与趣味性相结合。在教学活动实施过程中，要针对学生年龄及心理特点，以形象、具体、生动、活泼的形式讲解科学知识。

本课程为两个学年的安排，初一 8 课时；初二上学期 32 课时；初二下学期 32 课时。具体实施方法如下：

（一）讲授法

教师通过多媒体课件、板书等方式讲授天文学的基础知识，如北半球常见的星座，恒星、月食形成的基本原理，天体周日视运动和太阳周年视运动基本概念，流星雨等天象，光学天文望远镜的基本概念。

（二）演示法

在授课过程中教师或学生通过演示的方式更直观地了解太阳系天体的运动。

（三）讨论法

通过小组的交流与讨论，充分发挥学生的主动性、积极性，培养学生的思辨能力、口头表达能力。讨论主题包括太空中宇航员的生活，如何制作实验演示月食的发生等。

（四）观测法

观测是学习天文的重要方法，也是学生最感兴趣的内容。通过观测，学生可以认识北半球常见的恒星和星座，了解月相的变化规律等。

（五）分享法

通过抽签，每个同学负责一颗行星，周末收集该行星的资料，课堂上轮流分享所了解的有关八大行星的知识。

五、课程评价

本课程评价以学生为主体，注重过程性评价，坚持激励性评价。评价方式主要包括以下三个方面：

（一）观测性评价

选择天气晴朗的夜晚带学生到学校操场进行北半球常见星座的辨认。在夜空中能指出至少三个星座及其重要恒星，达标者为三星，评为"天文学家"；辨认出两个星座为两星，评为"天文爱好者"；辨认出一个星座为一星，评为"天文路边人"。

（二）展示性评价

学生周末收集资料，课堂上轮流进行八大行星的汇报。每个同学选出 4 名优秀的汇报者。获得 80％ 及以上的支持票为三星，评为"金牌小老师"；获得 60％ 及以上的支持票为两星，评为"银牌小老师"；获得 40％ 以上的支持票为一星，评为"铜牌小老师"。

（三）比赛性评价

开展主题为"人类未来是否可以移民火星"的辩论赛，邀请 3 位教师作评委，评出辩论赛的胜方。最佳辩手由全场师生在辩论赛胜出方的选手中投票选出。

（开发教师：李秋凤、高　丽）

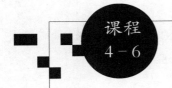

《寻常》报社

课程
4-6

一、课程概述

　　报纸是大众传播的重要载体,具有反映和引导社会舆论的功能。我国报纸已经告别"铅与火"的历史,走入"光和电"的时代。《寻常》定位为八年级级报,以报道苏元的新闻大事为主要内容,同时涉及本年级学生的兴趣爱好、校园生活趣事及优秀学科学习方法的分享等,两周发行一期。

　　本课程适合七年级学生,课程理念是:体验编辑、拓宽视野、提升素养。体验编辑是指加入报社后的学生通过学习与实践,既能提高文学素养,又能提高沟通能力;既能提高写作能力,又能提升计算机水平;既能体验组织与编辑出版的辛苦,又能体验编辑成果的快乐。拓宽视野是指培养学生积极的探索精神与创造精神,发展他们的想象力,培养他们的意志力,锻炼他们的思维能力,唤起他们的求知欲。提升素养是指在指导学生编排报纸时,引导他们正确地认识现实世界与周围事物,使他们拥有积极向上的世界观、人生观、价值观,并以此辐射周边同学,使整个年级形成良好的精神风貌。

二、课程目标

　　1. 初步了解报纸的相关知识及本报社的工作程序。

　　2. 掌握新闻写作、内容排版、PS图片等技能,体验编辑出版级报的快乐。

　　3. 体验自媒体平台的编辑工作,在微信公众号上推送图文。

三、课程内容

本课程内容分为六个版块,以编辑出版年级新闻为主线,主要包括认识报纸,了解《寻常》,采访与新闻写作,实用技能学习,写作分享,参加讲座和外出参观等。

（一）认识报纸

主要内容是报纸的概念、类别、发展历史。通过学习报纸的概念、发展历史,阅读一些常见的报纸,了解有关报纸的常识:开张、版面、版位、版心、报头、报眼、中缝、头条,增进对报纸的认知。

（二）了解《寻常》

主要内容是了解《寻常》的创办目的,认识《寻常》的固定栏目:苏元要闻、教师风采、一缕书香、我也来露一手、佳作分享(有时也会根据学校大新闻的实际需要调整栏目);了解报社的分工和自愿分组:记者、文编、排版、美编,分组体验报社的工作并分享。

"苏元要闻"主要报道学生参与体育节、艺术节、科技节、读书节等活动的见闻,另外,苏元学生"走读广州"、"走读岭南"、"走读全中华"等系列活动也会见诸报端。学生在分享活动心得之后更加热爱苏元学校打造的每个"节目"。

"教师风采"展现教师的魅力,再现教师的课堂风采与课堂之外的丰富生活,为师生们进一步认识年级任课老师搭建了平台,对老师多一份了解,就可能使学生与教师之间的关系更加亲密。

寻常生活看似平淡,但有了书,便增添了趣味。"一缕书香"栏目将为学生拓宽视野,推荐的书目不一定是世界经典名著,只要内容情感健康向上,语言适合初中生就可以。投稿者将充满感情地介绍书目内容及自己对该书目的读后感,这个平台将为营造快乐健康的校园阅读氛围助一臂之力。

每个学生都有自己的特长爱好。《寻常》报社拟开设一个展示特长的栏目,命名为"我也来露一手",全方位展示同学们的特长——舞蹈、音乐、绘画、摄影、机器人、根雕、集邮、围棋、篮球、跆拳道、厨艺、园艺等。当个人的特长爱好为年级师生所了解、所认识时，个体就有可能登上更绚丽的舞台，用他的特长和热情为师生们带来欢乐。

"佳作分享"栏目将刊登来自同学、家长、老师的优秀作品，促进师生、家校互动，营造良好的校园文化氛围。

报纸编辑工作的内容包括策划、编稿和组版三部分。版面编辑要根据文章的重要性、与整版主题的关联性等因素来确定文章在版面中的位置；一个好的版面，既使人易读易视，又有较高的思想性、艺术性，是思想内容、新闻内容与艺术美的结合。一个有特征的版面是由各个有特征的版区、有特征的标题和有特征的照片，科学地、艺术地组合而成的。如何设计美化版面？我们的学生精心制作标题来画龙点睛，慧眼巧选图片来引人注目。通过版面的学习与实践，将唤起学生的求知欲，提升学生的审美能力，使他们正确地认识现实世界与周围事物，拥有积极向上的世界观、人生观、价值观。

（三）采访与新闻写作

主要内容是进行新闻采访和新闻写作，包含理论传授和实践操作两个方面。新闻采访：采访选题，制定采访方案，草拟采访提纲、进行采访。新闻写作：消息：《我国选手获得奥运会第一块金牌》《我三十万大军胜利南渡长江》；通讯：《当代毕升——记两院院士王选》《奥斯威辛没有新闻可写》。

（四）实用技能学习

主要学习与编辑出版有关的电脑技能，如 Word 排版、Photoshop 等。

（五）写作分享

主要内容是分享优秀的新闻篇目和日常佳作，提高众小编的写作能力。

（六）讲座与外出参观

邀请作家到我校给学生开设讲座或带领学生外出参观报社或出版社，拓宽学生的视野。

四、课程实施

本课程分为 6 个部分,共 18 课时,每部分 3 课时,具体实施方法如下:

（一）讲授法

由教师或学生导师通过口头语言向学生描绘情境、叙述事实、解释概念、阐明规律,使学生在短时间内获得大量的系统科学知识。

（二）讨论法

选定一个主题,以小组的形式进行讨论。小组内成员分别承担组长、讨论员、记录员、发言员的角色。在规定的时间内,要求每个小组围绕一个主题完成讨论,并汇报讨论结果。

（三）练习法

学生在教师或学生导师的指导下,依靠自觉的控制和校正,反复地完成一定动作或活动,借以形成技能、技巧或行为习惯。

（四）参观法

利用直观手段,引导学生开展多种形式的感知活动,丰富学生的感性认识,发展学生的观察力和形象思维,并为形成正确而深刻的理性认识奠定基础。

（五）分享法

通过设计互动环节,让教师和学生平等地参与互动,注重学生的能力培养以及思维方法的训练,调动学生参与的积极性,启发学生们独立观察思考,深入钻研,同时促进师生间相互学习交流。

（六）实践法

学生参与到活动当中去,充当活动中的某个角色,从而细致、全面地了解、体验活动的情况。

（七）探究法

学生在教师的引导下,通过独立探索,创造性地分析问题、解决问题,以获取知识和发展能力。

（八）演示法

教师或学生导师通过展示各种实物、教具,进行示范性实验,或通过现代化教学手段,使学生获取知识,提高学生的学习兴趣,发展学生的观察能力和抽象思维能力。

在本课程实施过程中要注意以下两点:

一是学生实践体验与教师点拨指导结合。教学活动中,教师的主要任务是给予指导和帮助。教师的作用贯穿于整个活动过程。如:学生实践前的示范,实践过程中的点拨与启发,实践后的拓展与延伸。在活动中应给予学生较大的自主权,最大限度地发挥学生自己的主观能动性。

二是科学性与趣味性相结合。在教学活动实施过程中,要针对学生年龄及心理特点,以形象、具体、生动、活泼的形式开展活动,努力设计富有趣味性的教学方式,让学生学有所得、学有所乐,使他们在愉快的氛围中增长知识与才干。

五、课程评价

（一）评价原则

在评价思想上,注重评价以学生为主体;注重过程性评价;坚持激励性评价;关注个性特色评价。

对本课程的评价主要从以下三方面进行:

1. 学习过程中的表达交流。它包括收集与整理课前资料、大胆表明自己观点、自信展现自己等。

2. 课程活动中的参与效果。它包括按照学习任务单中的要求进行赏析、练习等。

3. 团队活动中的合作分享。它包括在团队活动中积极参与,在讨论中能虚心听取他人的意见,能服从分工,并主动地帮助他人。

（二）评价方式

在评价方式上,本课程力求做到形成性评价与终结性评价相结合,自评、家长评、师评相结合。满分 30 分,学生家长和老师各占 10 分,以评价8个梯度：十分不满意、较不满意、不满意、一般、较好、满意、非常满意、我最棒为标准。最低分3分，依次递增，结合自评、家长评、教师评的分值的高低评选奖项。本课程拟设以下奖项：

1. 采访之星：敏锐地捕捉有意义的新闻，善于沟通，获取第一手资料的同学。

2. 报道之星：对学校和年级事务做出及时、准确、正能量报道的同学。

3. 特写之星：对特定主题或活动进行专题报道的优秀同学。

4. 设计之星：对报纸的版面设计、内容安排有突出表现的同学。

5. 摄影之星：摄影作品视角广阔，取景构图自然，凸显主题的同学。

（开发教师：蒋安兰、李思雅、黄丽玲）

后记

本书阐述了学校课程框架的建构过程，并以"HOME课程"为例，展示了我们的课程建设理念及其实施的过程。

"HOME课程"以灵性教育为理念，以"五自"少年为培养目标，以四个维度的课程为基础，转变教与学的课程方式，分为"Health 身心健康之家课程"、"Observation 人文观察之家课程"、"Mind 思想博识之家课程"、"Experience 科学体验之家课程"。四个课程包含了孩子成长的四个方面，从孩子的成长需求出发，促进孩子的身心健康，为孩子开启观察大千世界的窗口，带领孩子走向社会与思想的腹地，助力孩子向不同领域的更高层次攀登，使孩子成为活泼健康的自然少年、诚信担当的自立少年、勤学奋发的自信少年、果敢理性的自主少年、守法慎独的自律少年。在课堂上，在校园内，尊重天性，发展个性，激发灵性。以经验和多元体验为切入点，智慧渗透，和谐互动，自主探究，课堂成为学生的乐园，校园成为学生的另一个家园。苏元的孩子，在离开苏元之后，仍能保持优秀，正直行于社会，潜能在更广阔的空间得到发挥，生命灵动而有力量。

"HOME课程"，关怀备至；苏元山下，校如家园——灵性灵动，乐教乐学，乐育乐长。学校对教育理念的更新与追求，正是对孩子灵性最好的保护和促进。回首往昔，历时两年，倾力打造，有机整合；全面提升，日更月新。衷心感恩在苏元山下相遇的上海市教育科学研究院杨四耕教授，他悉心指导和推动苏元的课程改革，使得学校的课程更为丰富、更为有序、更为有机，使得学校在建校十周年之际，稍有建树，更有信心迈向下一个新的十年。

学校课程深度变革丛书

课堂教学转型丛书

把每一个孩子深深吸引　　　　　　　　978 - 7 - 5675 - 4150 - 4　24.00　2016 年 1 月

每一间教室都有梦　　　　　　　　　　978 - 7 - 5675 - 4029 - 3　30.00　2015 年 10 月

课堂,可以春暖花开　　　　　　　　　978 - 7 - 5675 - 3676 - 0　24.00　2015 年 10 月

课堂,与美相遇的地方　　　　　　　　978 - 7 - 5675 - 5836 - 6　24.00　2017 年 1 月

赴一场思想的盛宴　　　　　　　　　　978 - 7 - 5675 - 5838 - 0　28.00　2017 年 1 月

突破平面学习:神奇的"南苑学习单"　　978 - 7 - 5675 - 5825 - 0　29.00　2017 年 1 月

让学习看得见:"226"教改实验研究　　978 - 7 - 5675 - 6214 - 1　32.00　2017 年 4 月

每一种意见都很重要:"责任课堂"的维度与操作

　　　　　　　　　　　　　　　　　　978 - 7 - 5675 - 6216 - 5　30.00　2017 年 4 月

品质课程丛书

活跃的课程图景　　　　　　　　　　　978 - 7 - 5675 - 6941 - 6　42.00　2017 年 11 月

课程情愫:学校课程发展的另类维度　　978 - 7 - 5675 - 7014 - 6　42.00　2017 年 11 月

突破大杂烩:有逻辑的学校课程变革　　978 - 7 - 5675 - 6998 - 0　52.00　2017 年 11 月

课程群:学习的深度聚焦　　　　　　　978 - 7 - 5675 - 6981 - 2　45.00　2017 年 11 月

嵌入式课程:特色课程的路径和方略　　978 - 7 - 5675 - 6947 - 8　42.00　2017 年 11 月

课堂教学新样态

一百个孩子,一百个世界:基于差异的教学变革

　　　　　　　　　　　　　　　　　　978 - 7 - 5675 - 6810 - 5　32.00　2017 年 10 月

让课堂洋溢生命感:L - O - V - E 教学法的精彩演绎

　　　　　　　　　　　　　　　　　　978 - 7 - 5675 - 6977 - 5　32.00　2017 年 11 月

课堂如诗:"雅美课堂"的姿态　　　　　978 - 7 - 5675 - 7219 - 5　36.00　2018 年 3 月

近处无教育　　　　　　　　　　　　　978 - 7 - 5675 - 7536 - 3　32.00　2018 年 3 月

课堂,与美最近的距离　　　　　　　　978 - 7 - 5675 - 7486 - 1　32.00　2018 年 4 月

课堂,涵养生命的园圃　　　　　978 - 7 - 5675 - 7535 - 6 36.00　2018 年 6 月
协同教学:意蕴与智慧　　　　　978 - 7 - 5675 - 8163 - 0 42.00　2018 年 9 月
课堂不是一个盒子　　　　　　978 - 7 - 5675 - 8004 - 6 38.00　2019 年 1 月
在教室里眺望世界:基于 BYOD 的教学方式变革

　　　　　　　　　　　　　978 - 7 - 5675 - 8247 - 7 48.00　2019 年 3 月

特色学校聚焦丛书

每一个孩子都是一棵树　　　　　978 - 7 - 5675 - 6978 - 2 28.00　2018 年 1 月
教育不是一个人的事:"众教育"36 条 978 - 7 - 5675 - 7649 - 0 32.00　2018 年 8 月
不一样的生命,一样的精彩　　　978 - 7 - 5675 - 8675 - 8 34.00　2019 年 3 月
童味正醇:特色学校的文化图谱　978 - 7 - 5675 - 8944 - 5 39.00　2019 年 8 月

华东师范大学出版社
天猫旗舰店

华东师范大学出版社
官方微信

门市邮购电话:021 - 6286 9887 6173 0308
淘宝商城旗舰店:http://hdsdcbs.tmall.com
微信:华东师范大学出版社(ecnupress)
电子书目下载地址:www.ecnupress.com.cn